FACULTÉ DE DROIT DE PARIS

THÈSE

POUR LE DOCTORAT

L'Acte public sur les matières ci-après sera présenté et soutenu

Le 12 février 1868, à 2 heures

PAR

Marie-Philippe-Eugène-Henri RAGOBERT

PRÉSIDENT, **M. LABBÉ**, Professeur.

SUFFRAGANTS :
- **MM. Duverger,**
- **Colmet de Santerre,** } PROFESSEURS.
- **Gérardin,**
- **Léveillé.** } AGRÉGÉS.

Le Candidat répondra en outre aux questions qui lui seront faites sur les autres matières de l'Enseignement

PARIS

IMPRIMERIE RENOU & MAULDE

RUE DE RIVOLI, 144

1868

THÈSE

POUR LE DOCTORAT

L'Acte public sur les matières ci-après sera présenté et soutenu

Le 12 février 1868, à 2 heures

PAR

Marie-Philippe-Eugène-Henri RAGOBERT

PRÉSIDENT, **M. LABBÉ**, Professeur.

SUFFRAGANTS :
{
MM. **Duverger,**
Colmet de Santerre, } PROFESSEURS.
Gérardin,
Léveillé. } AGRÉGÉS.

Le Candidat répondra en outre aux questions qui lui seront
faites sur les autres matières de l'Enseignement

PARIS

IMPRIMERIE RENOU & MAULDE

RUE DE RIVOLI, 144

1868

A MON PÈRE

—

A MA GRAND'MÈRE

—

A LA MÉMOIRE DE MA MÈRE

—

A LA MÉMOIRE DE MON GRAND-PÈRE

DE L'ADOPTION

INTRODUCTION

L'adoption est une institution qui crée des rapports fictifs, plus ou moins étendus, dé paternité et de filiation légitimes.

A ce titre, l'adoption se lie étroitement à la constitution de la famille, constitution variable avec l'état moral et politique des sociétés. Aussi a-t-elle subi le contre-coup des différents principes qui ont successivement prédominé dans l'organisation de la famille.

Étudier l'adoption, c'est donc rechercher :

D'abord comment le Droit romain a déduit et appliqué, avec toute la rigueur d'une inflexible logique, l'idée de la création de toutes pièces d'une paternité légitime.

Comment ensuite, au Moyen'Age, l'influence de l'Église et de la féodalité a amené la désuétude de l'adoption.

Comment enfin le Code Napoléon a essayé de combiner la faveur du mariage et le respect des liens du sang, avec la satisfaction chez l'adoptant du besoin de revivre en autrui, et l'intérêt de l'adopté.

En d'autres termes, j'examinerai, dans une première partie, l'adoption en Droit romain.

Dans une seconde partie, je dirai ce qu'elle devint, soit à l'époque franque, soit à l'époque féodale et à l'époque monarchique, soit dans le droit intermédiaire.

Dans une troisième et dernière partie, j'examinerai l'adoption dans le Code Napoléon.

PREMIÈRE PARTIE

—

DE L'ADOPTION

EN DROIT ROMAIN

La famille est une association politique et religieuse, plutôt qu'une association de nature.

Fustel de Coulanges (*La Cité antique*).

———

CONSIDÉRATIONS GÉNÉRALES

L'adoption est, avec les justes noces et la légitimation, une des sources de la puissance paternelle en Droit romain.

Qu'était-ce que la puissance paternelle à Rome? Tout le monde le sait : une conception juridique comportant un droit de vie et de mort sur la personne de l'enfant, et un droit de propriété sur tout ce qu'il acquérait.

Aujourd'hui, et déjà dans les mœurs des Germains, la puissance paternelle est un pouvoir de protection, s'exerçant dans l'intérêt de l'enfant,

et tant que l'enfant a besoin d'être protégé (1).
Au contraire, à Rome, c'était un pouvoir absolu,
sans limites ni dans le temps, ni dans l'autorité,
et organisé dans l'intérêt du père.

Dans les idées modernes la mère, à défaut du
père, exerce, sauf quelques réserves, la puissance
paternelle à laquelle sa tendresse lui donne
droit (2). Au contraire, à Rome, la mère n'a
jamais la puissance paternelle. *Mater familiæ suæ
et caput et finis est.* Loi 195, § 5. Dig. L. 16.

On comprend que, dans une législation où les
raisons d'affection tenaient si peu de place, on
ait vite admis que la puissance paternelle pourrait être constituée par la volonté de la loi, et que
des rapports de paternité et de filiation pourraient être arbitrairement créés. De là, naquit
l'adoption romaine, que les jurisconsultes romains qualifient d'image de la nature, *imago
naturæ,* ou de fiction, *commentum* (3).

L'adoption avait, à Rome, une importance
d'autant plus grande qu'elle se liait étroitement
aux pratiques religieuses, aux mœurs politiques
et à la constitution si originale de la famille.

Par l'adoption, les Romains assuraient la per-
pétuité des *sacra privata,* ainsi appelés par opposition aux *sacra publica.*

En effet, tandis que les sociétés modernes pro-
clament l'existence d'un Dieu unique et accessible

(1) Art. 372, C. Nap.
(2) Art. 373, C. Nap., *è contrario.*
(3) V. loi 44, XXVIII, 2; et loi 76, XXXV, 1, au Dig.

à tous, les Romains professaient des croyances complétement opposées : non-seulement ils pratiquaient le polythéisme, mais encore ils reconnaissaient l'existence de dieux, qui n'étaient dieux que pour une famille et pour une maison déterminées. Ainsi, à côté du culte public et officiel, existait un culte particulier et domestique, dont le chef de famille était, en quelque sorte, le grand pontife, et qui se manifestait surtout par des sacrifices aux dieux Lares ou aux Mânes des ancêtres. Tels, les sacrifices expiatoires des Horaces pour le meutre de leur sœur (1).

Ce culte domestique se transmettait dans chaque famille comme une partie de l'hérédité, et les Romains, fidèles à la tradition et aux anciens usages, attachaient un grand prix à sa conservation. *Ritus familiæ patrumque servanto, sacra privata perpetuo manento* (2). D'ailleurs, si le repas funèbre et les sacrifices accoutumés cessaient d'être offerts aux Mânes des ancêtres, l'antiquité croyait que les morts sortaient de leur tombeau pour reprocher aux vivants leur négligence impie, et pour les punir, en leur envoyant des maladies ou en frappant le sol de stérilité (3).

Il est facile de voir que l'adoption favorisait la continuité des *sacra privata*, en assurant leur transmission sur la tête de l'enfant adoptif, et présen-

(1) V. Tite-Live. V. 46.
(2) Ciceron, *De Legib.* II, 1°.
(3) V. Fustel de Coulanges, *la Cité antique*, p. 19.

tait un moyen commode de perpétuer l'hommage funèbre que réclamaient les Mânes.

L'intérêt religieux dut, par conséquent, être une cause fréquente d'adoption, mais cette cause dura-t-elle longtemps? Déjà, vers la fin de la République, les *sacra privata* tombaient dans le discrédit, et Cicéron nous montre une femme qui fait *coemptio* pour amener l'extinction de sa religion domestique, *sacrorum interimendorum causâ*(1). Le jurisconsulte Gaius ne nous parle qu'incidemment des *sacra privata*, et nous dit que ce culte fut autrefois l'objet de la plus profonde vénération (2). Le christianisme fit disparaître les débris de ces superstitions.

Outre ce rôle religieux, l'adoption jouait un rôle politique qui varia sous la République et sous l'Empire.

Elle permettait de rendre certaines fonctions publiques accessibles aux citoyens à qui des distinctions de caste, si accusées à l'origine, en interdisaient l'exercice. Par exemple, dans les premiers temps de Rome, avant l'admission des plébéiens au consulat, un plébéien avait besoin de se faire adopter par un patricien pour pouvoir briguer le consulat. Au contraire, un patricien se faisait adopter par un plébéien pour se faire élire tribun du peuple; tel, le sénateur Clodius (3).

(1) Cicéron, *pro Murenâ*, 12.
(2) Gaius, Com. 2, § 55.
(3) Ciceron, *Pro Domo*, 13.

Sous l'Empire, l'adoption permit d'assurer l'hérédité impériale et de revêtir de la pourpre ceux que leurs talents ou un caprice désignaient au choix du prince. Rome lui dut ses meilleurs empereurs, les Antonins, mais elle peut lui reprocher les Tibère et les Néron.

Enfin, dans la sphère du droit privé, indépendamment de la consolation qu'elle procurait à ceux que la nature avait privés de la jouissance d'aimer un enfant issu d'eux-mêmes, l'adoption fournissait au chef de famille un moyen de remettre sous sa puissance l'enfant du sang qui en était sorti, ou d'y faire entrer celui que des circonstances spéciales à l'organisation de la famille romaine, avaient fait naître en dehors de sa puissance. Quelquefois même, elle avait pour but de modifier dans le sein de la famille le rang et les rapports qu'avait créés la naissance et de leur substituer d'autres relations de parenté purement arbitraires. Ulpien, dans la loi 15, § 1, Dig. *de adopt.*, montre un chef de famille qui a deux fils et de l'un d'eux un petit-fils, émancipant ce dernier et l'adoptant ensuite avec la qualité d'enfant de celui que la nature avait fait son oncle.

Il faut distinguer deux sortes d'adoption, comme l'indique Modestin, loi 1re § 1er *de adopt.* Dig. «Le mot adoption est un terme générique, il y a deux espèces d'adoption; la première conserve le nom d'adoption; la seconde s'appelle adrogation. Lorsque je veux faire entrer dans ma famille un étranger, s'il est fils de famille, il y a adoption ; s'il est chef de famille, il y a adrogation. »

Nous diviserons cette matière en deux titres ; dans un premier titre, nous étudierons l'adoption proprement dite ; dans un deuxième titre l'adrogation. Nous consacrerons un appendice à l'adrogation des impubères.

TITRE PREMIER

De l'adoption proprement dite.

L'adoption proprement dite est un acte solennel qui fait passer un fils de famille, de la puissance paternelle d'une personne sous la puissance paternelle d'une autre personne.

Toutefois, nous verrons que, dans certains cas, sous Justinien, elle n'attribue plus à l'adoptant la puissance paternelle sur l'adopté, et que son effet principal est alors de conférer à l'adopté des droits à la succession *ab intestat* de l'adoptant.

Nous examinerons successivement dans trois chapitres.

1° Les conditions de l'adoption ;
2° Ses formes ;
3° Ses effets.

CHAPITRE I.

DES CONDITIONS DE L'ADOPTION.

Il s'agit des conditions relatives aux personnes et comme les parties qui figurent dans une adoption sont au nombre de trois, celle qui prend, celle qui donne, celle qui est donnée en adoption, nous subdiviserons notre chapitre en trois sections.

Je ne parle pas des agnats, parce que leur consentement à l'adoption n'est pas nécessaire (loi 7. Dig. *de adopt.*), bien que les droits d'agnation en soient altérés. Toutefois, si l'adopté entre dans la famille adoptive à titre de petit-fils, et avec désignation d'un fils de l'adoptant pour père, le consentement de ce fils sera nécessaire, à cause de la règle. *Ne cui invito heres suus agnascatur.* Non pas qu'en l'absence de cette adhésion du fils, l'adoption soit entachée de nullité, mais elle n'aura pas l'effet de donner un héritier sien au père désigné. V. loi 11. Dig. *de adopt.*

SECTION I.

De l'adoptant.

Puisque l'adoption avait pour but l'acquisition de la puissance paternelle, il s'en suit que pour adopter, il fallait être capable d'acquérir cette puissance. En d'autres termes, il fallait être citoyen romain, ingénu ou affranchi, peu importe, mais *sui juris*, c'est-à-dire, libre de toute puissance et ne relevant que de son droit.

Les pérégrins étaient incapables, au premier chef, d'adopter. La puissance paternelle était de pur droit civil, et elle avait reçu une organisation particulière qu'on ne retrouvait presque nulle part ailleurs. *Fere nulli sunt homines qui talem in filios suos habent potestatem. qualem nos habemus* (1).

Les fils de famille ne pouvaient pas non plus adopter. Sans doute, quand ils seront libérés de la puissance paternelle, ils pourront user à leur profit du bénéfice de l'adoption à laquelle leur qualité de citoyen romain leur donne droit, mais tant qu'ils sont *alieni juris*, ils ne peuvent exercer une puissance à laquelle ils sont soumis et qui les enserre eux-mêmes. Loi 21, Dig., liv. 48, t. 5.

Enfin les femmes, sans distinguer si elles étaient ou non *sui juris*, ne pouvaient pas adopter, parce que l'adoption a pour objet d'attribuer la puissance paternelle, et que la femme n'est pas susceptible d'avoir cette puissance même sur les enfants issus d'elle. V. Gaius, Com. 1, § 104 et Inst. § 10 Pr. *de adoptionibus.*

Il est vrai que dans le Bas-Empire, des constitutions impériales conférèrent le titre de mère en

-----

(1) Gaius, Com. 1, § 55.

dehors de la naissance ; mais ces constitutions créèrent plutôt un genre nouveau et exceptionnel d'adoption qu'elles ne permirent aux femmes d'adopter véritablement et d'acquérir la puissance paternelle. Ce qui résulta de la faveur impériale, ce ne fut pas l'acquisition de la puissance paternelle ; ce fut uniquement l'avantage de relations identiques à celles qui existaient entre toute mère et les enfants issus d'elle (1).

La marche dans cette voie ainsi tracée fut une marche progressive.

Dioclétien et Maximien autorisèrent d'abord une femme à donner à son beau-fils la place de ses enfants défunts. *Et eum*, disent les empereurs, *perinde atque ex te progenitum ad vicem naturalis legitimique filii habere permittimus.* Loi 5, Code *de adopt.*

Justinien nous révèle au § 10, *in fine*, de ses Institutes, *eod. tit.*, que cette mesure s'était généralisée, et que les mères, privées de leurs enfants décédés, pouvaient adopter, par rescrit impérial, comme adoucissement à leur douleur : les femmes qui n'avaient pas eu d'enfants ne le pouvaient pas encore (2).

L'empereur Léon fit une dernière innovation. Sans leur reconnaître, plus que Dioclétien et Justinien, le droit de puissance paternelle, il concéda à toutes les femmes, mères ou non, mariées ou

(1) Vernet. Traité de la quot. disp. p. 106.
(2) Théophile. Paraphrase, § 10, *in fine.*

non, la faculté d'adopter devant le magistrat local (1).

Ce n'était pas assez que de remplir les conditions de capacité. En effet, il est évident que les jurisconsultes romains qui voulaient par l'adoption imiter la nature, devaient veiller à ce que la fiction s'éloignât le moins possible de la réalité. Aussi avaient-ils exigé que la paternité purement légale satisfît à certains caractères de vraisemblance, et Javolenus formule le principe en ces termes : *Adoptio in his personis locum habet, in quibus etiam natura habere potest* (2). L'adoption trouve sa place là où la nature trouverait également la sienne.

Une de ces conditions de vraisemblance consistait en ce que l'adoptant ne devait pas être castrat. Le castrat est atteint d'un vice trop patent et trop radical pour qu'il soit raisonnable de lui supposer un enfant.

A la différence du castrat, l'impuissant naturellement ou *spado* était recevable à adopter, parce que, chez lui, le vice d'organisation n'est ni assez démontré ni assez définitif pour qu'il soit contre nature d'admettre qu'il ait un enfant.

Je renvoie à Théophile qui, dans sa paraphrase des Institutes, donne de longs détails sur cette matière (3).

La distinction entre le *castratus* et le *spado* net-

(1) Novelle 27.
(2) Dig. Loi 16, *De adopt.*
(3) V. Théophile, § 9, *De adopt.*

tement établie au § 9 des Institutes, ne se trouve pas formulée dans les écrits des jurisconsultes qui ne parlent que de l'impuissance naturelle et déclarent qu'elle n'est pas un empêchement à l'adoption. Est-ce à dire que cette distinction n'existait pas à l'époque classique? Je ne le pense pas. Elle est établie quant au mariage par Ulpien, dans la loi 39, § 1, *de jure dotium*, et si l'argument d'analogie n'est pas décisif, il convient au moins de reconnaître que le texte aux Institutes ne laisse pas supposer une innovation de Justinien.

L'empereur Léon a levé dans la Novelle 27 la prohibition d'adopter qui frappait les castrats.

Par un motif de vraisemblance, les jurisconsultes exigeaient en outre que l'adoptant eut dix-huit ans de plus que l'adopté.

Cette règle était d'origine relativement récente. A la fin de la République, elle n'était pas encore en vigueur, puisque Cicéron ne réussit pas à faire annuler l'adoption de Clodius opérée par un plébéien de vingt ans plus jeune que Clodius (1). A l'époque de Gaius, elle était vivement controversée (2), mais Modestin la pose formellement dans la loi 40, § 3, au Dig. *de adopt.* et Justinien la consacre définitivement au § 4 de ses Institutes.

L'âge de dix-huit ans est qualifié de *plena pubertas*, c'est-à-dire, de pleine et complète pu-

---

(1) Ciceron, *Pro Domo*, 13, § 33.
(2) Gaius, Com. 1, § 106.

berté, parce que, nous dit Théophile (1), ceux qui tardent le plus à devenir pubères, le deviennent à cette époque par suite de leur développement physique. La loi 14, Dig. *de alim.* et le § 2 des Sentences de Paul, III, 4, présentent deux cas où, indépendamment de la matière de l'adoption, la *plena pubertas* est prise en considération.

Voilà l'exposé des conditions qui devaient se rencontrer chez l'adoptant. Les nécessités de vraisemblance n'allaient pas jusqu'à faire exiger que l'adoptant eût été marié ni que pour adopter une personne comme petit-fils, l'adoptant eût un fils. V. Ulp., *Reg.* VIII, § 6 et Dig., loi 37 *de adopt.*

SECTION II

De celui qui donne en adoption.

Pour donner en adoption une personne, il suffisait qu'on l'eût sous sa puissance paternelle, immédiate ou non : telle est la force de la *patria potestas* que le chef de famille livre valablement en adoption son petit-fils ou son arrière-petit-fils sans le consentement du père et du grand-père qui se trouvent au degré intermédiaire, mais qui courbent la tête sous une dépendance commune.

Un pérégrin, un fils de famille, une femme qui n'ont pas la puissance paternelle, ne peuvent donc pas donner en adoption.

(1) Théophile, h. tit.

SECTION III

De l'adopté.

Tout fils de famille, sans distinction d'âge ni de sexe, peut être adopté. Ulpien (1) dit que l'adoption proprement dite s'applique *tam masculis quàm fœminis, et tam puberibus quàm impuberibus*, aux hommes comme aux femmes, aux pubères comme aux impubères, par opposition à l'adrogation, où nous verrons qu'on exigeait en principe certaines conditions d'âge et de sexe.

Toutefois, il fallait que le fils de famille n'eût pas déjà été adopté par celui qui voulait le faire entrer sous sa puissance au moyen de l'adoption. *Eum quem quis adoptaverit, emancipatum vel in adoptionum datum, iterùm non potest adoptare.* V. Dig., loi 37, § 1, *de adopt.*

Le jurisconsulte Paul à qui est empruntée cette loi 37, ne nous donne pas le motif de cette restriction apportée aux volontés des parties. Nous le suppléerons en ajoutant qu'on n'a pas voulu que l'adoption devînt un jeu et se prêtât à des caprices irréfléchis; c'est au père adoptif à bien réfléchir avant de briser par une émancipation ou par une dation en adoption le lien de puissance paternelle qu'il avait créé à son profit.

(1) Reg. VIII, § 5.

Il semblerait au premier abord que la loi 37, § 1er de Paul, est en contradiction avec une loi d'Ulpien insérée également à notre titre, *de adopt.* au Digeste. Dans la loi 12, en effet, Ulpien enseigne que celui qui a été émancipé peut revenir sous la puissance de l'émancipateur au moyen de l'adoption. *Qui liberatus est patriâ potestate, is posteà in potestatem honestè reverti non potest, nisi per adoptionem.* Or cette émancipation peut être survenue après une première adoption, de sorte que nous trouverions permis par Ulpien le concours successif d'une adoption, d'une libération de la puissance paternelle, et d'une nouvelle adoption de la même personne par un même *paterfamiliâs*, concours défendu par Paul. Comment concilier ces deux textes?

Pour les concilier, il suffit de remarquer que dans la loi 12, Ulpien vise le cas où un père naturel ayant un fils sous sa puissance, *ex justis nuptiis,* en vertu de justes noces, a émancipé ce fils et voudrait faire retomber ce fils sous sa puissance; il le peut par adoption.

Au contraire, dans la loi 37, § 1er, Paul vise l'hypothèse où un père adoptif a émancipé l'adopté ou l'a donné en adoption, et voudrait de nouveau acquérir la puissance sur celui qui fut son enfant adoptif; il ne le peut parce que l'adoption ne saurait devenir un jeu et que la légèreté de l'adoptant ne mérite guère la faveur de la loi.

Jusqu'ici la difficulté se lève facilement; mais

en poursuivant l'étude des conditions requises chez l'adopté, nous abordons une des questions les plus délicates de notre matière? Peut-on adopter un esclave?

Cujas admettait que cette adoption était possible, mais ne produisait pas d'autre effet que celui de procurer la liberté à l'esclave, sans distinguer s'il s'agissait de son propre esclave ou de l'esclave d'autrui. Toutefois il paraît qu'il y avait eu controverse à cet égard entre les jurisconsultes. Massurius Sabinus soutenait que l'esclave d'autrui pouvait parfaitement être adopté devant le préteur, et ne supposait pas de restriction dans les effets de cette adoption (1). Au contraire, Caton prétendait que l'esclave adopté par son maître devenait simplement libre, mais non fils de famille. C'est cette dernière opinion qui a passé aux Institutes. § 12, *de adopt.* (2).

Quoiqu'en dise M. Puchta qui pense qu'il faut corriger ce texte des Institutes (3), je crois qu'on peut facilement comprendre comment se faisait l'adoption de son propre esclave. Il suffit d'imaginer que le maître émancipait son esclave à un tiers et faisait intervenir un contrat de *fiducie* par lequel le tiers s'obligeait à ne pas contredire le maître quand celui-ci revendiquerait la puissance paternelle sur son ancien esclave.

Un autre point controversé est de savoir si

(1) V. Aulu-Gelle, V. 19.
(2) *Adde* Théophile. Paraphrase.
(3) Puchta. *Cursus der institutionen*, II, p. 444, note q.

l'adoption d'un gendre ayant eu lieu sans l'émancipation préalable du conjoint, fille de famille de l'adoptant, c'est le mariage qui cesse ou si au contraire c'est l'adoption qui est nulle et non avenue.

Tout ce que je dirai à cet égard est également vrai de la bru, en la supposant adoptée sans émancipation préalable de son conjoint, fils de famille de l'adoptant; mais, pour abréger, je ne parlerai que de l'adoption du gendre.

Ce qui fait naître la question, c'est que la fille de famille de l'adoptant se trouve devenir par l'adoption du gendre la sœur consanguine de son mari (1), tant que tous deux seront réunis dans la même famille.

Quelques interprètes du droit romain soutiennent que l'adoption sera nulle et ils argumentent d'un passage des Institutes au § 2, I, 10. Après avoir dit que le mariage est prohibé entre les frères et sœurs, soit germains, soit utérins ou consanguins, Justinien ajoute : Il est donc certain que si quelqu'un veut adopter son gendre, il doit auparavant émanciper sa fille, *debere eum antè filiam suam emancipare* (2). Il semble bien que Justinien présente l'émancipation préalable de la fille comme condition imposée à l'adoption du gendre.

---

(1) V. § 2, Inst. III, 2.

(1) C'est ce que fit Claude pour adopter Néron, son gendre. V. Suétone, *Claude*, ch. 27.

Cependant j'aime mieux dire que le mariage sera dissous.

Je crois que dans l'opinion contraire on exagère la portée du texte des Institutes : je suis convaincu que Justinien, comme le fait certainement Gaius, loi 17, § 1er. *De ritu nupt.*, songe plutôt à donner un conseil pratique qu'à décider quelle sera la conséquence de l'adoption du gendre faite sans l'émancipation préalable du conjoint, fille de famille de l'adoptant.

Voici en effet ce que dit Théophile dans sa paraphrase (1): «Si donc quelqu'un veut épouser son gendre, il doit d'abord émanciper sa fille, et si celui qui a un fils veut adopter sa bru, il doit, avant tout, émanciper son fils. S'il ne le fait pas, l'adoption de son gendre ou de sa bru fera dissoudre leurs noces; car les époux seront frère et sœur; or, entre frère et sœur même adoptifs, il ne peut y avoir de noces. »

Le jurisconsulte Tryphoninus n'est pas moins explicite dans la loi 67, § 3, *de ritu nupt.* Dans cette loi Tryphoninus , examinant l'hypothèse quelque peu analogue d'un tuteur adoptant le mari de sa pupille, se demande quel sera le résultat de cette adoption. *Videamus an perimentur nuptiæ, ut in genero adoptato dictum est...* Ces derniers mots ne sont-ils pas formels?

Et qu'on ne s'étonne pas de cette solution; elle est conforme aux principes que les Romains pro-

____

(1) Théophile, § 2, liv. 1, t. 10.

fessaient sur le mariage. A Rome, le mariage était parfaitement susceptible de se dissoudre par le divorce et les Romains abusaient volontiers de la répudiation (1). Il est donc logique de supposer que les jurisconsultes considéraient le mari comme manifestant suffisamment sa volonté de répudier sa femme, lorsqu'il consent à être adopté par son beau-père (2).

CHAPITRE II

DES FORMES DE L'ADOPTION

Il faut, à cet égard, distinguer les époques.

Du temps des jurisconsultes, les formes de l'adoption proprement dites sont aussi curieuses que compliquées : elles nous montrent en action ces fictions si chères aux jurisconsultes romains, par lesquelles ils parvenaient à éluder la rigueur et le formalisme de l'ancien droit.

Gaius, au § 134 de son Com. I, indiquait deux modes d'adoption proprement dite; mais, à cet endroit, le manuscrit découvert à Vérone est resté illisible et un seul mode nous est parvenu.

Supposons qu'il s'agisse d'un fils de famille, c'est-à-dire d'un enfant mâle au premier degré, qu'on veuille adopter.

Les parties commencent par éteindre la puis-

(1) V. Troplong. *Influence du Christianisme*, p. 210.
(2) En ce sens. Vinnius, *Inst.*, vol. 1, p. 65, et M. Demangeat, ome 1, p. 252 et 269.

sance paternelle de celui qui donne en adoption, parce que cette puissance n'est pas réputée transmissible, et comme la loi des Douze Tables avait décidé que si un père mancipait trois fois son fils, ce fils serait libéré de la puissance paternelle, on a recours à trois mancipations ou ventes successives et imaginaires. Le père, que j'appellerai Primus, mancipe son fils Secundus à Titius qui veut l'adopter; Secundus tombe *in mancipio Titii*, c'est-à-dire dans un état intermédiaire entre la liberté et la servitude, et Titius affranchit l'enfant du *mancipium* qu'il a sur lui. Primus libéré du *mancipium* deviendra-t-il *sui juris?* Non; car telle est l'étendue de la *patria potestas* sur un fils, qu'il fallait trois ventes pour en opérer l'extinction : l'enfant retombera donc sous la puissance paternelle de Primus.

Primus le mancipe alors de nouveau à Titius qui l'a une seconde fois *in mancipio* et qui l'affranchit une seconde fois du *mancipium:* Titius retombe encore sous la puissance paternelle.

Mais si Primus mancipe son fils Secundus une troisième fois, aux termes de la loi des Douze Tables, la puissance paternelle de Primus sur Secundus est éteinte.

Reste à la faire naître au profit de Titius. Titius en effet n'a Secundus qu'*in mancipio*, et c'est ce *mancipium* qu'il faudrait transformer en *patria potestas*.

Pour obtenir ce résultat, Titius remancipera l'enfant à Primus, afin que celui contre qui va

intervenir la revendication de la puissance paternelle soit le père naturel, et afin qu'il soit jugé
contre lui que l'enfant est le fils du père adoptif.
Puis tous trois se rendent devant le magistrat :
Titius revendique l'enfant comme son fils; Primus
et l'enfant ne contredisent pas; et le magistrat
prononce que Secundus est l'enfant de Titius.

En résumé, il y a trois mancipations successives et deux affranchissements intermédiaires,
une remancipation et un procès fictif en revendication du fils de famille. V. Gaius, 134, Com. I.

Supposons maintenant qu'il s'agisse, non plus
d'un fils de famille, mais de tout autre descendant qu'on veuille adopter.

Ce cas diffère du précédent en ce que la première des opérations constitutives de l'adoption
est simplifiée et que la puissance paternelle s'é-
teint plus promptement. La loi des Douze Tables
ne faisant mention que du fils dans le célèbre
fragment : *Si pater filium ter venumduit, filius a patre liber esto*, les jurisconsultes en avaient conclu
que le père de famille perdrait par une seule
mancipation la puissance paternelle sur les filles
et les petits-enfants.

Dans notre hypothèse, Primus mancipe sa fille
Secunda ou son petit enfant à Titius qui veut
l'adopter; du même coup, il perd sa puissance et
l'enfant passe *in mancipio* de l'adoptant.

Il n'y a plus dès lors qu'à transformer le *mancipium* de Titius en *patria potestas*, et cette trans-
formation s'accomplit, comme tout à l'heure, au

moyen d'une remancipation de l'enfant à son père et d'une revendication de la puissance paternelle contre Primus qui ne contredit pas.

En résumé, il y a une mancipation, une remancipation et un procès fictif en revendication de puissance paternelle. V. Gaius, § 134, *in fine* Com.1.

A propos de ce procès fictif en revendication d'un fils de famille, on pourrait faire une objection. Nous savons que les fils de famille, à la différence des esclaves, ne peuvent être soumis à la revendication, parce que le père de famille n'a pas sur eux le *dominium* et que la revendication (*rei vindicatio*) ne s'applique qu'aux choses dont on est propriétaire. Or, ce que ne pouvons faire dans une instance sérieuse, nous ne pouvons le faire dans une instance fictive qui en est l'image. Comment donc comprendre la revendication fictive d'un fils de famille, quand il ne peut y avoir revendication réelle?

Il est facile de répondre que si, en principe, la revendication n'est pas applicable aux fils de famille, elle devient cependant très-praticable à leur égard, pourvu qu'on ait soin de les revendiquer, *adjecta causâ.* avec une certaine addition. « *Per hanc autem actionem liberæ peronæ, quæ sunt juris nostri, utputà liberi qui sunt in potestate, non petuntur... et ita Pomponius libro 37; nisi forte, inquit, adjectâ causâ quis vindicet...* » V. loi 1, § 2. Dig. *de rei vindicatione.* Il y aura donc, en matière d'adoption, revendication fictive *adjectâ causâ.*

Mais quelle est précisément cette *adjecta causa*, cette addition? Les interprètes du droit romain sont en désaccord.

Pour comprendres les différentes explications qui ont été proposées, continuons la lecture du § 2, Loi 1, *de rei vind.* Dig. ..... *Si quis ità petit filium suum vel in potestate ex jure Romano, videtur mihi et Pomponius consentire rectè eum egisse; ait enim adjecta causâ ex lege quiritium vindicare posse.*

Cujas, commentant cette loi, rapporte *adjecta causa* à *ex jure Quiritium* et fait ainsi consister l'*adjecta causa* dans l'expression de la cause par laquelle je prétends que un tel est mon fils et se trouve en ma puissance. Suivant Cujas, la revendication de la propriété se fait valablement, ou *simpliciter*, c'est-à-dire en disant : « *Hanc rem meam esse aio* » ou «*adjectâ causâ,* » c'est-à-dire en disant : « *Hanc rem ex jure quiritium meam esse aio,* » parce que le *dominium* s'acquiert soit par un mode du droit des gens, soit par un mode du droit civil, mais quand il s'agit d'une action en revendication de la puissance paternelle, il faut nécessairement indiquer qu'on revendique « *ex jure quiritium,* » parce que la puissance paternelle ne peut m'appartenir qu'en vertu du droit civil (1).

Malgré l'autorité de Cujas, je n'hésite pas à rejeter cette explication. L'expression : « *Ex jure quiritium* » pouvant être employée et étant employée dans la revendication de la propriété,

---

(1) V. Cujas, *Recit. solem. ad titul. De rei vind.*

comme dans celle de la puissance paternelle, même quand la propriété a été acquise par un mode du droit des gens, il n'y aurait rien de spécial pour caractériser la revendication de la puissance paternelle si l'on suivait l'opinon de Cujas.

Dans mon opinion je fais rapporter « *adjecta causa* à *filium*, » et à « *vel in potestate* » et je suis convaincu que l'*adjecta causa*, c'est l'addition des mots : « *filium* ou *in potestate* » dans la formule de l'action en revendication. Au lieu de se contenter de dire : « *Hunc hominem ex jure quiritium meum esse aio*, » le père de famille dit : « *Hunc hominem filium meum ex jure quiritium esse aio* » ou « *Hunc hominem in potestate mea ex jure quiritium esse aio...* » En d'autres termes, par cette addition de circonstances, le père explique sa demande; il précise le rapport, non pas de propriété, mais de paternité qu'il veut faire reconnaître et approprie à son but, d'une façon suffisante, l'action en revendication qui, sans cela, impliquerait l'idée de propriété ou *dominium*.

Ce qui me fait préférer cette explication à celle de Cujas, c'est ce passage de Gaius, « *Is qui adoptat, vindicat apud prœtorem filium suum esse*, » passage qui nous montre ce même mot « *filium* » ajouté dans la revendication fictive de la puissance paternelle (1).

____

(1) En ce sens. Vernet, Conférence. — M. Pellat. Exposé des principes généraux du droit romain sur la propriété, p. 113.

Cela dit sur les formes de l'adoption proprement dite à l'époque classique, examinons quel était le magistrat devant lequel devaient comparaître les parties.

Aulu-Gelle, le Digeste et le Code sont unanimes pour nous apprendre que l'adoption ne pouvait avoir lieu qu'en présence d'un magistrat « *apud quem legis actio est,* » compétent pour connaître d'une action de la loi.

Pourquoi cette restriction? Elle s'explique historiquement. A l'origine, l'adoption · s'effectuait au moyen d'une action de la loi. On appelait actions de la loi les formes suivant lesquelles les procès étaient instruits et jugés sous les rois et pendant une partie de la République ; formes si rigoureuses qu'elles finirent par tomber sous l'animadversion publique, et qu'elles furent supprimées par la loi Œbutia. Mais il arriva pour les actions de la loi ce qui est arrivé pour les comices par curies, ainsi que nous le verrons en étudiant l'adrogation. Après que cette forme de procéder eût été remplacée par le système formulaire elle continua à être employée pour certains actes, parmi lesquels figurent l'adoption.

Les magistrats compétents pour connaître d'une action de la loi étaient les consuls et les préteurs à Rome et les gouverneurs dans les provinces. Quant aux magistrats municipaux, en principe, ils n'avaient pas la *legis actio,* mais s'ils en avaient été investis par suite de quelque privilége, ils devenaient compétents par l'adoption (1).

Du reste, le magistrat n'intervient que pour corroborer la volonté des parties et confirmer une opération juridique qui s'accomplit d'accord entre l'adoptant, l'adopté et celui qui livre en adoption; il exerce donc un acte de juridiction gracieuse et cette circonstance n'est pas sans entraîner des conséquences pratiques importantes.

Tandis que le magistrat ne peut procéder à un acte de juridiction contentieuse que d'ans le prétoire et sur son siége, il peut, au contraire, procéder partout à un acte de juridiction gracieuse; spécialement ici, le préteur en allant aux bains, au théâtre, se prête valablement à une adoption (2), et le gouverneur d'une province, dès qu'il est sorti de Rome, à peine entré dans les faubourgs de la ville, figure régulièrement dans une adoption pour la proclamer accomplie (3).

De même, tandis que le magistrat ne peut connaître d'une affaire contentieuse qu'un jour d'audience, il peut, au contraire, faire en tout temps un acte de juridiction gracieuse et, par conséquent prêter son ministère à une adoption, le jour fût-il néfaste ou férié.

Enfin Ulpien, prévoyant l'hypothèse où le magistrat « *apud quem legis actio est,* » serait à la fois intéressé dans l'acte soit comme adoptant, soit

(1) V. loi ult. Code, *de vind. lib.*
(2) V. § 2, tit 5, liv. 1ᵉʳ, Inst.
(3) Loi 2, Dig. *de off. pro.*

comme donné en adoption, déclare que ce magistrat n'en est pas moins compétent. (V. Dig., loi 2 *de off. præs.* et lois 3 et 4 *de adopt.*) Cette décision tient encore à la nature de la juridiction qui est gracieuse; car il en serait autrement s'il s'agissait d'une matière contentieuse; mais la présence du magistrat dans les actes de juridiction gracieuse est surtout une chose de forme et c'est le consentement des parties qui constitue l'élément essentiel.

Au temps de Justinien, les formes de l'adoption subirent un changement radical.

Les modes fictifs et déterminés auxquels la rigueur de la loi des XII Tables avait forcé de recourir pour arriver à l'adoption, n'étaient plus en rapport avec un état supérieur de civilisation, où ce qui prédomine dans les actes ce n'est plus un symbolisme matériel et compliqué, mais la volonté et l'intention des parties. Aussi Justinien, répondant à ce besoin de simplification, a-t-il profondément modifié les formes de l'adoption.

Par une constitution de l'an 530, insérée au Code (V. Loi 11, *de adopt.*), Justinien supprime les anciens errements et décide que pour adopter il suffira de faire dresser, devant le magistrat compétent, un écrit constatant l'adoption, en présence de l'adoptant, de l'adopté et de celui qui donne en adoption.

A aucune époque l'adoption n'a comporté terme

ou condition, ou comparution par procureur (1).
Ces règles se rattachaient dans le droit classique
à l'idée que l'adoption est un acte légitime, et leur
persistance dans le droit de Justinien s'explique
soit par la force même des choses, soit par le désir d'assurer la liberté des parties.

CHAPITRE III.

EFFETS DE L'ADOPTION.

Nous diviserons ce chapitre en deux sections :
dans une première section nous examinerons les
effets de l'adoption tels qu'ils étaient avant la réforme de Justinien ; dans une deuxième section,
nous étudierons la réforme de Justinien, et nous
en déterminerons l'étendue.

SECTION II.

Effets de l'adoption avant Justinien.

L'adopté passe sous la puissance paternelle et
entre dans la famille de l'adoptant; « *in sacra
transit* (1), il participe désormais à de nouveaux
sacrifices près de nouveaux dieux domestiques; en
un mot, ce qui caractérise l'adoption, c'est un
changement de famille.

(1) V. loi 34, Dig. et loi 2. Code. *in fine, De adopt.*
(2) Valère Maxime, VII, 7.

Voilà pourquoi l'adopté prend le nom de l'adoptant et perd le sien propre, ou du moins, s'il ne le perd pas complétement, il ne le conserve qu'en le transformant et en lui ajoutant une terminaison adjective. Paul Emile, adopté par Scipion, devient *Scipio OEmilianus* et Octave, adopté par César, devient *Cæsar Octavianus.*

Ce transfert de l'adopté d'une famille dans une autre, qui répugne aux idées modernes, était au contraire en parfaite harmonie avec les idées des Romains. A Rome, sur quoi repose la famille? sur la communauté d'origine? sur le lien du sang? Pas le moins du monde; elle repose uniquement sur la puissance paternelle. On n'est pas dans la famille parce qu'on est fils ou épouse ou parent, mais parce qu'on est fils en puissance, épouse en puissance, parent par la soumission à une puissance actuellement commune ou qui serait telle si le chef vivait encore. (1) Aussi a-t-on pu dire que Rome étouffe la voix du sang et qu'elle ne connaît de la personne que le masque civil sous lequel cette personne se présente : nous en trouvons un exemple remarquable dans l'adoption.

Mais quelle est précisément la portée, l'étendue, le radicalisme du changement de famille que subit l'adopté? C'est ce que nous allons examiner en recherchant successivement la situation qui lui est faite dans sa nouvelle famille et la

---

(1) V. loi 195. *De verb. sig.* Dig.

situation qui peut lui être conservée dans son ancienne.

§ 1er.

Droits de l'adopté dans la famille adoptive.

Entré dans la famille adoptive, initié à un nouveau culte, *in sacris positus*, l'adopté devient membre de cette famille à l'égal des enfants du sang. Tant qu'il y reste, ses droits et ses devoirs vis-à-vis de l'adoptant et des agnats de l'adoptant sont exactement les mêmes que s'il était issu des justes noces du père adoptif (1). C'est l'application pure et simple, de l'idée déjà exprimée tant de fois, que l'adoption imite la nature.

Ainsi, par exemple, l'adopté prend dans la famille adoptive la qualité de fils ou de petit-fils. S'il y entre en qualité de petit-fils, il peut par une sous-distinction y entrer ou *quasi ex incerto patre natus*, c'est-à-dire, sans désignation de père et comme si son père était mort; ou *quasi ex certo patre natus*, c'est-à-dire avec désignation de l'un des enfants de l'adopté pour père, pourvu que cet enfant y consente (2). Dans ce dernier cas, l'adopté comme l'enfant du sang dont il tient la place, aura besoin pour se marier du consentement à la fois du père et du grand-père, et à la mort du grand-père, il retombera sous la puissance du père (3),

(1) Inst. § 4, II, 13.
(2) Loi 6, *De adopt.* Dig.
(3) V. loi 10, *eod. tit.* Dig.

tandis que dans les deux premiers cas, il n'aura besoin que du consentement de l'adoptant, et, à la mort de celui-ci, il sera *sui juris*.

Ainsi encore l'adopté, pas plus que l'enfant naturel, ne peut *vocare in jus* son père adoptif (1) et tout ce qu'il acquerra sera acquis à l'adoptant, du moins tant que les principes du droit romain n'eurent pas été modifiés par l'introduction des pécules.

Une autre conséquence de l'adoption est la création de certains empêchements au mariage. En effet, le mariage est prohibé entre l'adopté et l'adoptant, et en ligne collatérale il est prohibé entre l'adopté et tout agnat, quand l'une de ces personnes n'est éloignée de l'auteur réputé commun que d'un degré.

Pour en finir avec les conséquences de l'adoption, dont l'examen détaillé dépasserait les limites de notre plan, je me bornerai à déterminer les droits éventuels de succession que l'adopté acquiert dans sa famille adoptive.

Supposons d'abord qu'il s'agisse de la succession testamentaire de l'adoptant.

Deux hypothèses peuvent se présenter : ou l'adoptant a fait son testament avant l'adoption ou il l'a fait après.

Admettons que l'adoptant avait fait son testament avant l'adoption.

Dans ce cas, l'adoption amenait la rupture du testament, sans distinguer si l'adopté était un

____

(1) Loi 8 *De in jus vocando.* Dig.

fils ou une fille. (1) C'était en effet une règle du droit romain que la survenance d'un héritier sien rompait le testament. (Ulpien, Reg., tit. 23, § 2 et 3.

Mais pouvait-on éviter la rupture du testament en instituant ou exhérédant à l'avance le futur adopté ?

Gaius ne le pensait pas : il s'attachait à l'idée qu'il y avait ici fait volontaire du testateur qui brisait, librement en quelque sorte, son testament ; il croyait qu'on ne pouvait invoquer ni l'esprit ni la lettre de la loi Junia Velleia, qui n'avait entendu prévenir que des ruptures indépendantes de la volonté du testateur. Donc, encore du temps de Gaius, quand on avait institué ou exhérédé une personne et qu'on adoptait cette personne après la confection du testament, le testament était rompu, parce que cette personne avait été instituée ou exhérédée comme un étranger par un étranger et non comme un héritier sien par un père de famille comme père de famille. V. Gaius, Com. II § 138 et 140. *Omni modo testamentum rumpitur.*

Plus tard cependant la jurisprudence se relâcha de cette rigueur excessive et introduisit une distinction entre l'institution et l'exhérédation.

L'institution préventive du futur adopté fut permise. Papinien et Scœvola nous indiquent dans la loi 23 § 1 Dig. *de lib. et post.* et dans la

____

(1) Loi 8, Dig. *de inj. rupt. test.*

loi 18, *de inj. rupt.*, que, si l'enfant adopté a été institué par avance, l'adoption n'entraînera plus la rupture du testament ; son institution, bien que faite à titre d'étranger, suffit pour empêcher le testament d'être rompu.

Au contraire l'exhérédation d'un étranger qu'on se propose d'adopter continua à être considérée comme sans effet et n'empêcha pas la rupture du testament ; car l'exhérédation n'est possible que là où il y a un héritier sien et on ne peut enlever un droit qui n'existe pas encore. « Papinien, nous apprend Ulpien, dans la loi 8 au Dig. § 8 *de bonor poss. cont. tab.*, Papinien est de l'avis de Marcellus relativement à l'étranger ; une exhérédation antérieure ne lui nuira pas, s'il est plus tard adrogé. » L'adrogeant devra refaire son testament qu'il dépendait de lui de ne pas rompre.

Toutefois, dans deux cas exceptionnels, nous voyons Papinien et Ulpien admettre l'exhédération préventive.

Voici l'espèce prévue par Papinien, loi 23 Pr. *de lib. et post.* Un père a émancipé son fils ; puis il a testé et l'a exhérédé ; puis, il l'a adrogé ; j'ai répondu, dit Papinien, que l'exhédération suffirait à écarter le fils ; car, à presque tous les points de vue, il convient d'observer que le fils, adopté par son propre père, ne doit pas être considéré comme un enfant adoptif; de peur que la vérité des choses ne soit obscurcie par ce qui n'en est que l'image: il ne faut donc pas dire que cet enfant est entré, mais plutôt qu'il est rentré sous la puissance de son père. Ulpien, dans le § 7, loi 8 *de bonor poss cont. tab.* approuve cette décision de Papinien. C'est qu'en effet cet enfant émancipé qui cessait, il est vrai, d'être héritier selon le droit civil n'en aurait pas moins été, sans l'exhédération, appelé par le préteur à la possession de biens. Donc son exhédération avait une base, une raison d'être ; elle prenait pied pour ainsi dire, et comme son adoption ne l'effaçait point, le jour où il devenait par elle héritier sien, il restait exhérédé et le testament était maintenu.

Dans une autre espèce, § 10 de la même loi 8, *de bon poss. cont. tab.* Ulpien va plus loin encore ; il admet l'exhérédation d'un fils par son père naturel pendant que ce fils est dans une famille adoptive et, après son émancipation, l'exhédération l'écartera : *nocebit ei exheredatio.* Et cependant l'enfant placé dans la famille adoptive n'était appelé ni par le droit civil à l'hérédité légitime des héritier siens, ni par le préteur à la possession de biens *unde liberi*, relativement à la succession de son père naturel ! mais c'est qu'il eût pu venir comme cognat par la possession de biens *undè cognati* et Ulpien y voyait sans doute un motif suffisant de justifier et de maintenir l'exhérédation qui avait trouvé, pour ainsi dire, à prendre pied.

Justinien semble avoir consacré ce dernier état de la jurisprudence. En effet, Justinien emprunte une phrase à Gaius en y supprimant un mot : on a pensé qu'il voulait corriger Gaius et adopter l'opinion des jurisconsultes postérieurs. Ainsi Gaius, § 138, Com. II, disait : si quelqu'un adopte un enfant, le testament antérieur est rompu, *omni modo*, de toute manière, c'est-à-dire, peu importe que l'adopté ait été institué ou exhérédé. Or Justinien, qui écrivait les Institutes, les yeux fixés sur les Commentaires de Gaius, reproduit le § 138 du Com. II, dans le § 1er, titre XVII, liv. II. Inst.; mais il supprime *omni modo*. N'est-il pas logique de supposer que cette suppression fait allusion à l'opinion de la dernière jurisprudence ?

Admettons maintenant que l'adoptant a fait son testament postérieurement à l'adoption.

L'adoptant devra, dans ce cas, instituer ou exhéréder l'adopté, selon les formes et suivant les distinctions établies par le droit civil ou par le droit prétorien, et modifiées par Justinien, sous peine des diverses sanctions établies en pareille circonstance. V. Inst. *de exhederat. lib.*, liv. II.

L'enfant adoptif peut-il attaquer *inofficiositatis causâ*, le testament de l'adoptant ?

L'affirmative n'est pas douteuse, et le principe que l'enfant adoptif a les mêmes droits dans sa famille adoptive que s'il était issu de justes noces, nous conduit à cette solution. Un argument à l'appui se tire par *à contrario* des expressions de Justinien qui, réformant l'adoption, dit : « Nous permettons à l'adoptant étranger de ne rien laisser par testament à l'adopté, s'il le juge convenable. V. loi 10, § 1, Code VIII, 48. Ainsi, tout ce que l'adoptant étranger donnera à l'adopté sera libéralité pure, sans que la loi lui en fasse un devoir. Justinien semble bien abroger un droit différent qui aurait été d'obliger l'adoptant à instituer l'adopté pour une certaine part. D'ailleurs le § 2 *de inoff. test.* aux Institutes (1), reconnaît implicitement à l'adopté le droit d'intenter la querelle d'inofficiosité contre le testament.

Toutefois, il ne faut pas oublier que la *querela inofficiosi testamenti* est un recours extraordinaire et qu'elle est refusée à celui qui, par une autre voie, peut arriver à l'hérédité : « *de inofficioso testamento agere possunt si nullo alio jure ad bona defuncti venire possunt*, et cette restriction sera applicable aux enfants adoptifs.

Il en résulte évidemment que la *querela inofficiosi testamenti* ne sera pas accordée à l'adopté héritier sien qui a été omis, car le testament est nul à son égard *ab initio* ; mais ce qui en résulte encore, et ce qu'il importe de signaler, c'est que la querelle d'inofficiosité sera refusée à l'adopté, quand même elle le ferait arriver à des résultats plus avantageux qu'une autre voie qu'il a par ailleurs à sa disposition.

Ainsi, lorsqu'une fille adoptive en puissance a été omise, elle n'a pas la *querela inoff. testamenti*, par ce qu'elle a le *jus accrescendi* ou une *bonorum possessio contra tabulas*, qui, depuis un empereur

______
(1) V. § 2. Inst., liv. II, tit. 18.

Antonin, ne pourra lui faire avoir plus qu'elle n'aurait eu par le *jus accrescendi.*

De même, si l'adopté impubère est exhérédé par l'adrogateur, l'adrogé n'a point la *querela* parce qu'il a la quarte antonine (1). Nous y re-viendrons.

De même enfin l'adopté *ex tribus maribus* n'était pas admis à l'exercice de la *querela,* parce qu'un sénatus-consulte Sabinien, rendu sous Marc-Aurèle, donne à cet enfant une quarte analogue à la quarte antonine.

Qu'est-ce que ce sénatus-consulte Sabinien ? Suivant Cujas (2), c'était un sénatus-consulte relatif aux priviléges résultant de trois enfants mâles; entre autres avantages, il concédait cette quarte, dite quarte sabinienne.

Au sujet de cette quarte, Théophile nous dit dans sa Paraphrase : (3) « Si j'ai trois enfants mâles et que j'en donne un en adoption, cette adoption se nomme adoption *ex tribus maribus*; et il existe le sénatus-consulte Sabinien qui dispose que vous, adoptant, vous serez dans l'obligation de laisser le quart de vos biens à celui que vous avez ainsi adopté entre trois enfants mâles. Si vous ne lui laissez pas le quart, le sénatus-consulte lui confère contre vos héritiers une action en réclamation de ce quart.

Le passage de Théophile montre clairement

(1) V. loi 8, § 15, Dig. V. 2.

(2) V. Cujas. Commentaire sur la loi 10 du titre *De bonor. poss. contra tabulas.* Dig.

(3) V. Théophile. § 13, titre 1, liv. 3.

que la quarte sabinienne se prenait sur l'hérédité de l'adoptant et non sur celle du père naturel.

Pourquoi le privilége de cette quarte était-il réservé à l'adopté *ex tribus maribus* ? Nous l'ignorons. Nous verrons d'ailleurs qu'il n'existe plus depuis Justinien.

Supposons maintenant que le père adoptif est mort intestat.

En droit civil, l'adopté comme l'enfant issu de justes noces auquel il est assimilé tant qu'il est dans la famille adoptive, obtient l'hérédité dans l'ordre des héritiers siens.

En droit prétorien, il obtient la *bonorum possessio unde liberi* et il est successeur prétorien en premier ordre.

Jusqu'ici, nous n'avons parlé des droit de succession de l'adopté que par rapport à l'adoptant; avait-il d'autres droits de succession dans la famille adoptive?

Oui, vis-à-vis de tous les membres de cette famille, c'est-à-dire vis-à-vis des agnats de l'adoptant. L'adoption ne crée pas seulement un lien entre l'adoptant et l'adopté, elle en crée un également entre l'adopté et la famille civile du père adoptif; l'adopté devient l'agnat de tous les agnats de l'adoptant; de là, pour l'adopté des droits éventuels à la succession de ces agnats, à défaut d'héritiers siens et selon la proximité du degré.

En droit civil, il vient à l'hérédité dans l'ordre des agnats.

En droit prétorien, il obtient la *bonorum pos-sessio undè legitimi*, et même, s'il y a intérêt, il peut, par une particularité curieuse de l'agnation réclamer et obtenir la *bonorum possessio unde cognati* pour recueillir la succession de ces agnats.

Voici cette particularité de l'agnation. En général, l'agnation, parenté civile, repose sur un lien de cognation ou parenté du droit des gens. En général, l'agnat, c'est un cognat qui est membre de la famille; sous l'agnation, on trouve en général la cognation, mais cela n'est pas toujours exact. L'agnation peut résulter d'une cause purement civile, par exemple de l'adoption; dans ce cas, nous trouvons une agnation qui n'est point accompagnée d'un lien du sang ou cognation; mais ce qui est remarquable, c'est que l'agnation qui résulte d'une cause civile emporte avec elle, tant qu'elle existe, les effets de la cognation, et les jurisconsultes romains nous enseignent que quand on devient par adoption agnat d'une personne, on jouit par rapport à cette personne des droits de cognation, quoique n'ayant pas en réalité le lien du sang; donc, quand on entre dans une famille par adoption, on devient le cognat de ceux dont on devient l'agnat; mais c'est une cognation qui n'existe que dans les mêmes limites que l'agnation. *Qui in adoptionem datur, his quibus agnascitur, cognatus fit* (1).

D'où celui qui par adoption est devenu cognat,

____

(1) V. loi 23, Dig. *de adopt.*

pourra demander au préteur la *bonorum possessio undè cognati*. Si, par exemple, il se trouve exclu par un plus proche agnat qui ne veut ou ne peut accepter la succession, et si la voie de la *bonorum possessio unde legitimi* lui est fermée par suite du principe de non dévolution, il pourra venir par la *bonorum possessio unde cognati*, pourvu qu'il soit encore agnat. V. § 7 du tit. II. liv. III, aux Institutes.

Ici s'arrêtent les droits de succession de l'adopté dans la famille adoptive. L'adoption n'établit pas de relations entre l'adopté et les parents simplement cognats de l'adoptant; la loi est impuissante a créer le lien du sang. Dieu seul et non l'homme peut le faire naître. *Quibus vero non agnascitur, nec cognatus fit : adoptio enim non jus sanguinis, sed jus agnationis affert* (1). Aussi l'adopté n'a-t-il vis-à-vis des cognats de l'adoptant aucun des droits de succession qui sont basés sur la communauté d'origine et le lien de la nature.

Toutefois, dans une certaine matière, le droit civil lui-même prend en considération la qualité de cognat de l'adoptant pour formuler une prohibition; c'est en matière de mariage. Le mariage est défendu entre l'adopté et ceux qui seraient ses cognats ou alliés en ligne directe s'il était né dans la famille adoptive. Si j'adopte un fils, dit le jurisconsulte Paul, loi 23, *supra*, ma femme ne lui tient pas lieu de mère, car elle ne devient pas

(1) V. loi 23. Dig. *de adopt.*

son agnate et par conséquent elle ne devient pas sa cognate; de même, ma mère ne lui tient pas lieu de grand'mère, car elle ne devient pas son agnate, puisqu'elle n'est pas dans ma famille...., *nuptiis tamen eorum prohibitis*, et cependant le mariage est prohibé entre eux. Si le mariage est défendu, ce n'est donc pas une application directe des principes de l'adoption; mais c'est par une application des règles de la morale sociale; c'est qu'il y a certaines règles de la vie honnête qui sont sanctionnées par le droit dans l'intérêt de la société et pour que la société atteigne toute la puissance de son développement. *In contrahendis matrimoniis naturale jus et pudor inspiciendus est* (1).

§ II.

Droits de l'adopté dans la famille naturelle.

En droit civil, l'adopté cesse d'être sous la puissance de celui qui l'a donné en adoption et il cesse d'être l'agnat des membres de la famille dont il sort : il perd tous les droits qu'il avait dans cette famille et il abandonne le culte des dieux Lares protecteurs d'un foyer qui désormais n'est plus le sien.

L'adopté subit-il une *minima capitis deminutio?* Oui, sans difficulté, avant l'innovation de Justinien relative aux formes de l'adoption; mais je crois, avec la majorité des interprètes, qu'il faut

(1) Loi 14. *De ritu nupt.* Dig.

encore donner la même décision après l'innovation
de Justinien.

Ce changement de famille, qui faisait de l'a-
dopté un étranger vis-à-vis de ses anciens parents, amenait des résultats iniques quand ils se
produisaient à la suite d'une adoption consentie
par le père naturel. Aussi dans ce dernier cas, le
préteur, cette source vivante du droit, s'efforça-
it de porter remède à des règles que rendaient
plus choquantes l'adoucissement des mœurs et le
progrès de la civilisation.

C'est ainsi que l'enfant donné en adoption fut
soumis à la nécessité d'obtenir une autorisation
préalable du préteur pour appeler devant le
magistrat son père naturel (1); mais c'est surtout
au point de vue des droits de succession de l'a-
dopté par rapport à sa famille naturelle, que
l'intervention du préteur fût active.

Ces droits de succession dans la famille naturelle, quels étaient-ils ?

En droit civil, le père naturel peut omettre
dans son testament l'enfant qu'il a donné en
adoption, et s'il meurt sans testament, l'adopté ne
peut venir à l'hérédité *ab intestat*, parce qu'il n'était
plus sous la puissance du *de cujus* et que dès lors
il ne saurait se présenter comme *heres suus*.

Le droit prétorien au contraire vient au secours
de l'adopté; voici à l'aide de quels moyens.

Dans son système successoral, en principe, le

____

(1) Loi 8 pr. Dig. *De in jus vocando.*

préteur ne tient pas compte de la *capitis deminu- tio*, quand cette *capitis deminutio* a fait sortir celui qui l'a subie d'une famille civile à laquelle il ap- partenait également par les liens du sang. *Capitis deminutio per edictum nulli obstat*. (1). L'édit appelle indistinctement comme héritiers siens ceux qui sont véritablement tels et tous ceux à qui le droit civil ne dénie cette qualité que par suite d'une *capitis deminutio* soufferte par eux ou par un de leurs ascendants, pourvu seulement que les des- cendants dont il s'agit jouissent des droits civils (2).

Avec un tel principe, le préteur reconstituant la famille civile en tant qu'elle concorde avec la famille naturelle, donnerait toujours à l'enfant adopté la *bonorum possessio contra tabulas* ou *unde liberi* pour le faire arriver à la succession de son père naturel; mais d'autre part, le préteur se refuse, de même que le droit civil, à admettre qu'on puisse appartenir en même temps à deux familles diffé- rentes, et en fait, il considère les droits éventuels de l'adopté dans la famille adoptive, tant qu'il y reste, comme une compensation suffisante de ceux qu'il perd dans la famille naturelle. Voilà pour- quoi le droit prétorien aboutit à une distinction suivant que l'adopté est encore ou non dans la famille adoptive à l'époque du décès du père naturel.

1° Si l'adopté, au moment de la mort du père

(1) Loi 5, § 1. Dig. l. 38, titre 6.
(2) Loi 1, § 9, et loi 2. Dig. *De bonor. poss. cont. tab.*

naturel est encore *in adoptivâ familiâ*, le préteur
s'accorde avec le droit civil.

Il reconnaît au père naturel le droit de tester
sans instituer ni exhéréder l'enfant qu'il a donné
en adoption; il ne délivrera pas la *bonorum possessio
contra tabulas* pour prétérition de cet enfant(1) et
si le père naturel meurt *intestat*, il n'appelle pas
l'adopté à la *bonorum possessio unde liberi*; il ne le
range pas parmi les successeurs prétoriens en
premier ordre (2). Toutefois, dans ce dernier cas,
il le recueille parmi les cognats et lui donne la
chance bien précaire d'arriver dans le troisième
ordre des successeurs prétoriens (3).

2° Si l'adopté n'est plus *in familia adoptivâ* au
moment de la mort du père naturel, le préteur,
au contraire, se sépare du droit civil. Du moment
ou le fils adoptif est émancipé par l'adoptant, le
préteur prend en considération la parenté naturelle telle que, si l'adoption et l'émancipation
n'avaient pas eu lieu, le fils serait dans la famille
du père naturel.

Par conséquent, si le père naturel a omis dans
son testament l'enfant qu'il avait livré en adoption, le droit prétorien donne à ce fils la *bonorum
possessio contra tabulas* (4).

Et si le père naturel meurt *intestat*, il lui donne
la *bonorum possessio unde liberi* (5).

(1) § 4, Instit., liv. 2, tit. 13.
(2) § 10, Instit., liv. 3, t. 1.
(3) V. Gaius, Com. 3, § 31, et Inst., liv. 3, tit. 1, § 13.
(4) V. Instit., § 4, liv. 2, tit. 13.
(5) Instit. § 10, liv. 3, tit. 1.

Cette doctrine prétorienne reçoit une application remarquable dans deux hypothèses où, d'après le droit civil, l'adopté devrait être considéré comme étant encore *in adoptivâ familià* ; mais où, aux yeux du préteur, l'adopté est censé n'être pas et même n'avoir jamais été dans une famille étrangère à la famille du père naturel, *de cujus successione agitur*.

En effet, supposons d'abord qu'un aïeul a donné en adoption à son fils émancipé le petit-fils qui était conçu de ce fils avant l'émancipation et qui était resté sous la puissance de l'aïeul. L'émancipé meurt; puis l'aïeul naturel de l'enfant donné en adoption vient également à décéder.

La loi 3, § 7, de *bonorum possessio contra tabulas* indique que l'enfant donné en adoption sera admis par le préteur à la *bonorum possessio contra tabulas*, si son aïeul ayant fait un testament ne l'a pas institué ou exhérédé régulièrement, et nous ajouterons à la *bonorum possessio unde liberi*, si l'aïeul *de cujus* est mort intestat (1).

Pourquoi ? *quia in ejus est familia*, parce que le préteur ne tenant pas compte de l'émancipation faite par un ascendant naturel, le fils qui a reçu le petit-fils en adoption et l'aïeul sont dans une seule et même famille, et par conséquent l'adopté n'est pas dans une famille étrangère.

Cette décision de la loi 3, § 7, est confirmée par la loi 21, § 1, au Dig. *quia per adoptionem aliena*

(1) V. loi 1, § 6, Dig. *Si tab. test. nullæ exst.*

familia non fuerit; parce que jamais dans l'espèce l'adopté n'a été dans une famille étrangère.

Supposons maintenant qu'un fils émancipé a donné en adoption à son père émancipateur le petit-fils conçu depuis l'émancipation l'aïeul meurt; puis, le fils émancipé meurt à son tour.

Le § 8 de la même loi 3, *de bonor. poss. cont. tab.*, nous apprend que le petit-fils sera admis, à l'égard de son père naturel, au bénéfice des deux *bonorum possessiones*, soit *contra tabulas* soit *unde liberi,* suivant la circonstance.

Le jurisconsulte donne le même motif que dans le cas précédent : *quasi non sit in alia familia.* L'adopté n'est pas véritablement dans une autre famille; il n'a pas véritablement changé de famille, car le père et l'aïeul paternel forment toujours une seule et unique famille aux yeux du préteur qui regarde l'émancipation du père par l'aïeul comme non avenue.

Pour terminer l'exposé de cette théorie prétorienne, reste à parler d'une dérogation qu'elle admettait à ses principes. Tout ce que nous venons de dire touchant les enfants adoptifs qui sont encore dans la famille adoptive au moment de la mort de leur ascendant, reçoit une exception. En effet l'enfant adoptif, quoique étant *in adoptiva familia,* s'il est institué héritier par son ascendant naturel, obtient la *bonorum possessio contra tabulas,* lorsque quelque autre descendant y a droit.

Voici l'espèce : Un ascendant a institué héritier son enfant naturel qui est dans une famille adoptive et il a omis un de ceux que le préteur lui prescrit d'instituer ou d'exhéréder.

De droit commun, l'enfant, *in adoptivâ familiâ*, n'a pas droit à la *bonorum possessio contra tabulas* vis-à-vis de son ascendant naturel; mais ici à cause de son institution, l'omis pouvant demander la *bonorum possessio contra tabulas*, il est admis également à la demander. Labéon et Ulpien approuvent cette décision du préteur, en se fondant sur ce que cet enfant, en raison de son institution, n'est plus tout à fait un étranger. *Nec enim in totum extraneus est.* V. loi 8, § 11. de *bon. poss. cont. tab.* XXXVII, 4. (1).

Toutefois, c'est là une exception aux principes et les exceptions doivent être interprétées strictement. Or ce droit n'est accordé à l'adopté qu'autant qu'il est institué; donc, il faut qu'il soit personnellement institué, *ipse scriptus*, et il ne suffirait pas qu'une personne sous sa puissance et dont par conséquent les acquisitions lui profitent, eût été instituée, pour qu'il fût recevable à jouir de la *bonorum possessio contra tabulas* (2) Le préteur exige en outre que l'adopté ait été institué au degré contre lequel pouvait être demandée la *bonorum possessio contra tabulas*, et s'il a été institué conditionnellement, que la condition s'accomplisse (3). Enfin, il est nécessaire que l'adopté ne soit pas précédé par son père, resté sous la puissance

(1) V. loi 10, Pr. et § 1, Dig. *eod. tit.*
(2) Loi 8, § 11, *in fine*, Dig., *eod.*, *tit.*
(3) Loi 8, § 13, et loi 11, *Pr.*, *eod.*, *tit.*

du défunt ou émancipé peu importe ; alors même
que son père viendrait à mourir, avant d'avoir obtenu la *bonorum possessio contra tabulas*, il n'y aurait
encore aucun droit. Julien est formel à cet égard.
Loi 13. § 1. Dig. XXXVII. 4.

Au sujet de la *bonorum poss contra tabulas*, dont
nous voyons une application curieuse à l'adopté,
adhuc in adoptiva familia, il importe de savoir,
que, pour être fondé à profiter de cette *bonorum poss.
cont tabulas,* il fallait que l'on n'eût pas approuvé,
de quelque manière, le testament sujet à rescis-
sion ; mais l'approbation des dispositions testamentaires n'était opposable qu'autant qu'elle
avait été volontaire. Supposons donc qu'un fils
donné en adoption avait été institué dans le testament de son père naturel qui a passé sous silence d'autres enfants ; le père adoptif a obligé
ce fils adoptif à faire adition de l'hérédité de son
père naturel, puis il l'a émancipé. Cette adition,
faite *jussu patris,* n'équivaudra pas à une approbation du testament et Ulpien décide que cet enfant
pourra demander la *bonorum possessio contra tabulas ;* l'acquisition que l'enfant va ainsi faire
d'une partie des biens de son père naturel ne
profitera pas à son père adoptif, mais lui profitera personnellement (1).

Voilà la théorie du prêteur relativement aux
droits de succession de l'adopté par rapport à son
ascendant naturel. Il pourrait arriver que cette

(1) V. loi 10, § 2, Dig. *De bonor. poss. cont. tab.*

théorie, si on raisonnait avec rigueur, conduisît à des résultats contraires à son esprit, essentiellement favorable aux enfants adoptifs : le préteur intervenait alors pour qu'une faveur introduite dans l'intérêt d'une personne ne fut pas rétorquée contre elle.

Ainsi, soit un fils donné en adoption, ce fils s'est marié et a eu un enfant. Devenu *sui juris* par la mort de l'adoptant, il a émancipé cet enfant ; sur ces entrefaites, l'aïeul naturel meurt.

De ce cas, le fils donné en adoption étant encore *in adoptivâ familiâ*, ne peut venir à la succession du *de cujus*, la mort de l'adoptant ne rend pas à l'adopté le droit de succéder à son père naturel. (V. loi 9 Dig. *de bonor. possessione contra tabulas*.)

Mais l'enfant émancipé de ce fils peut-il venir à la succession de l'*avus naturalis*? Non, d'après les principes stricts de l'édit ; car l'édit n'ayant pas égard à l'émancipation opérée par un ascendant naturel, le petit-fils doit, en bonne logique, être considéré comme étant encore dans la famille de son père et par conséquent dans la famille adoptive où est resté son père ; mais le préteur s'attachant plus à l'esprit qu'à la lettre de l'édit, donne à ce petit-fils une possession de biens décrétale, c'est-à-dire une possession de biens accordée *suadente æquitate*, contrairement aux principes purs de l'édit (1).

____

(1) V. loi 14, § 1. Dig. *De bo^r ar. poss. contra tab.*

Indépendamment de la succession de son ascendant naturel, l'adopté conserve-t-il des droits à la succession des autres membres de la famille naturelle?

En droit civil, l'adopté ayant perdu avec sa famille naturelle le lien d'agnation, seule parenté dont le droit civil tienne compte, n'a plus rien à y prétendre en tant qu'agnat.

En droit prétorien, il ne pourra pas davantage venir à la succession des membres de son ancienne famille même naturelle par la *bonorum possessio unde legitimi*, mais il pourra y venir par le *bonorum possessio unde cognati*.

Le préteur, en effet, n'avait introduit aucun parent dans l'ordre des agnats qu'il avait laissé tel que la loi des XII Tables et la jurisprudence l'avaient fait, se bornant toutes les fois qu'un parent par le sang était exclu de l'ordre des agnats à le recueillir dans l'ordre des cognats. En s'abstenant d'apporter aucune modification aux anciennes règles sur la rupture de l'agnation, le préteur avait voulu se garder d'alimenter un ordre purement civil et contraire aux lois de la nature, afin de favoriser les chances d'avancement de l'ordre des cognats où il n'avait égard qu'aux liens du sang et au degré de la parente naturelle. L'enfant donné en adoption ne viendra donc à la succession des autres membres de sa famille naturelle que comme cognat et seulement à défaut des deux premiers ordres des *liberi* et des *legitimi*.

DEUXIÈME SECTION.

Réforme de Justinien et étendue de cette réforme.

Justinien a marché résolument dans la voie qu'avait suivie timidement le préteur, et par une constitution de l'an 530, qui forme au Code la loi 10, du titre *de adoptionibus*, VIII, 48, il a introduit dans les effets de l'adoption des modifications considérables.

Justinien a constaté que dans les dispositions du droit prétorien à cet égard, il y avait une lacune des plus regrettables. Cette lacune se présente quand le père naturel décède, alors que l'enfant est sous la puissance du père adoptif et quand ensuite le père adoptif émancipe l'adopté.

Dans cette hypothèse, l'enfant, quand le père naturel est mort, n'a pas pu venir à sa succession par la *bonorum possessio contra tabulas* ou par la *bonorum possessio unde liberi* parce qu'il était encore dans la famille adoptive. Plus tard, le père adoptif émancipe l'adopté et dès lors le fils adoptif émancipé devient étranger à la famille adoptive et au point de vue civil et au point de vue prétorien ; car le préteur admet qu'un lien purement civil est détruit par un acte civil, l'émancipation. Voilà donc un enfant privé de toute succession ; l'hérédité du père naturel est dévolue et on ne peut revenir contre cette dévolution; ce serait permettre à l'adoptant de modifier à son gré l'ordre successoral du père naturel. *Nullas spes ei remanebat* ; aucune espérance ne restait à l'adopté dans une semblable hypothèse.

Pour combler cette lacune, Justinien a décidé que quand un enfant serait donné en adoption à un étranger, l'enfant resterait dans la famille naturelle et y conserverait tous ses droits, à tous les points de vue, *sive ad inofficiosi querelam, sive ad alias omnes successiones, sive ab intestato quæ liberis deferuntur; ut ipse possit et prodesse patri naturali et ab eo naturalia debita percipere* (1). Ainsi les règles sur la puissance paternelle, les tutelles légitimes, l'exhérédation, l'omission, *la querela inofficiosi testamenti*, la règle sur les pécules et sur l'usufruit du pécule adventice celle sur la succession *ab intestat*; toutes ces règles demeureront applicables entre l'adopté et les membres de la famille naturelle, comme si l'adoption n'avait pas eu lieu : l'effet translatif de famille est supprimé et à ce titre, Justinien est le précurseur des législations modernes.

Par l'adoption, l'enfant acquiert simplement le droit de succéder *ab intestat* à l'adoptant, au rang des *heredes sui*, c'est-à-dire en premier ordre. Ce droit lui-même s'évanouit si l'adoptant fait un testament, lors même qu'il n'aurait pas institué ou exhérédé cet enfant adoptif et cet enfant n'aura ni la *bonorum possessio contra tabulas* ni la *querela inofficiosi testamenti* pour faire tomber le testa-

(1) Loi 10, Code *pr*.

ment. Ce droit s'évanouit également si l'adoptant émancipe l'adopté (1).

Cette adoption ainsi réglementée, est appelée par les commentateurs *adoptio minus plena* ou adoption imparfaite.

Telle est la règle générale ; mais dans la législation de Justinien il y a encore des cas exceptionnels où l'adoption fait changer de famille et et où l'adoption est dite *plena* ou parfaite. Il faudrait donc croire que l'inconvénient que Justinien a voulu éviter n'existait pas dans ces cas exceptionnels : en est-il ainsi dans la réalité ? Voyons les différentes hypothèses.

La première hypothèse dans laquelle Justinien conserve à l'adoption l'effet translatif de famille est celle où l'adoptant est un ascendant paternel ou maternel de l'adopté.

Par exemple, l'enfant est donné en adoption au père de sa mère ; ou bien, c'est un enfant conçu depuis l'émancipation de son père et donné en adoption par l'émancipé à son grand-père ; ou enfin c'est un enfant conçu avant l'émancipation de son père et donné en adoption par le grand-père à son fils émancipé.

Dans ces trois cas, l'enfant change de famille parce que dans la famille adoptive, il a un double lien de parenté ; lien du sang et lien de l'adopté, et comme conséquence, il a une double protection dans le cas d'oubli.

______

(1) V. loi 10, C. §§ 1 et 2, et Instit., § 14, l. 3, lit. 1.

Cela est facile à comprendre quand l'adoptant est un ascendant paternel. En effet, supposons que l'enfant d'un émancipé a été donné en adop tion à son grand-père paternel et qu'il soit éman cipé par son grand-père après la mort de son père ; il perdra la parenté civile, mais non la parenté naturelle ; en conséquence le grand-père venant à mourir, le préteur n'aura pas égard à l'émancipation et reconstituera la famille civile ou, pour parler plus *pratiquement, l'enfant s'il est omis, aura la *bonorum possessio contra tabulas* et en cas de succession *ab intestat* il obtiendra la *bonorum possessio undè liberi*.

En supposant que l'adoptant est un ascendant maternel, l'enfant émancipé n'en arrivera pas moins à la succession *ab intestat* de cet aïeul par la *bonorum possessio unde liberi*, depuis la consti- tution des empereurs Valentinien, Théodose et Arcadius, et s'il est omis, il aura la ressource de la *querela inofficiosi testamenti*.

Voici maintenant la deuxième hypothèse dans laquelle Justinien conserve à l'adoption les effets de l'ancien droit; c'est lorsque l'enfant, donné en adoption à un étranger, se trouve au deuxième degré dans la famille de son père naturel et qu'il est encore précédé par son père au moment de la mort de l'*avus naturalis*.

Ainsi, supposons qu'un homme, qui a sous sa puissance un fils et un petit-fils, né de ce fils, donne ce petit-fils en adoption à un étranger. Si à la mort de l'*avus naturalis*, l'adopté n'est pas précédé par son père dans la famille naturelle, on admet que l'adopté est resté dans sa famille naturelle et que l'adoption lui a seulement conféré un droit de succession *ab intestat* vis-à-vis de l'adoptant. Au contraire, si, à la mort de l'*avus*, l'adopté est précédé par son père dans la famille naturelle, Justinien décide que, dans ce cas, l'adopté a passé dans la famille adoptive. (V. Loi 10, Code, § 4.)

Pourquoi conserve-t-on dans ce cas à l'adoption ses anciens effets ? Parce que le petit-fils n'est pas alors héritier sien dans la famille de son grand-père ; c'est son père qui doit être institué ou exhérédé. En changeant de famille, il ne perdra donc pas de droits à la succession de l'*avus naturalis*, puisqu'il est précédé par son père.

Ce motif est-il suffisant ? Non. Justinien a cru à tort qu'en faisant changer de famille ce petit-fils, il ne lui faisait rien perdre dans la famille naturelle. Justinien a oublié ceci, c'est que si l'enfant n'est pas lésé par rapport à la succession de son grand-père naturel qui le donne en adoption, ce changement de famille peut faire perdre à cet enfant les droits de succession relativement à son propre père.

Une autre raison, qui me permet de ne pas trouver heureuse la distinction qui nous occupe, c'est que voilà un enfant dont l'état est en suspens. Le petit-fils, adopté par un étranger, va-t-il rester sous la puissance et dans la famille de l'*avus naturalis*, ou bien, au contraire, va-t-il passer sous

la puissance et dans la famille du *pater adoptivus?*
On ne peut le dire *a priori :* on n'en sait rien ;
l'état de l'adopté va se trouver quelque temps *in
pendenti.* Dès lors, pour qui les acquisitions faites
dans l'intervalle par cet adopté ? On peut répondre que cela présente peu d'intérêt dans le droit
de Justinien et que cela d'ailleurs se réglera au
moment de la mort de l'aïeul naturel ; mais reste
cette difficulté : qui, en attendant, jouira des bien
de l'adopté ? qui aura la jouissance intérimaire ?
Nous n'avons pas de textes à cet égard.

La même constitution de Justinien (3) supprime
la quarte sabinienne, introduite en faveur de l'a-
dopté *ex tribus maribus.* Puisque, en principe,
l'adopté ne change plus de famille, à quel titre
aurait-on laissé à l'adopté entre trois mâles un
avantage qui ne lui avait été accordé que comme
compensation d'un danger qui n'existe plus ?

Enfin, Justinien tranche incidemment dans le
même texte, *Princip.* la question autrefois controversée de savoir si le fils donné en adoption avait la *querela inofficiosi testamenti* contre le
testament de son père naturel ? Papinien la lui
refusait ; Paul hésitait ; Marcien la lui accordait,
quand, par suite de suggestions frauduleuses, il
s'était laissé adopter par un homme pauvre. Justinien tranche la controverse dans le sens de Papinien et refuse absolument la *querela* à l'enfant
passé dans la famille adoptive.

En résumé, par cette constitution, la législation
progresse, mais Justinien y révèle ses défauts, un

manque de logique soutenue et une verbosité fastidieuse.

—————

TITRE DEUXIÈME.

De l'adrogation.

L'adrogation est un acte solennel par lequel un chef de famille passe avec tous ses biens et ses enfants sous la puissance d'un autre chef de famille.

Nous examinerons successivement, comme nous l'avons fait pour l'adoption :

1° Les conditions de l'adrogation ;
2° Ses formes ;
3° Ses effets.

CHAPITRE Ier.

CONDITIONS DE L'ADROGATION.

SECTION PREMIÈRE.

Qui peut adroger?

Et d'abord, les mêmes conditions que nous avons vues requises dans la personne de l'adoptant le sont aussi dans celle de l'adrogeant. Il suffit de s'y reporter ; mais il en est quelques-unes qui sont spéciales à la matière de l'adrogation et qui s'expliquent par sa plus grande importance.

Toute adrogation était précédée d'une *cognitio causæ*, c'est-à-dire d'une enquête relative aux motifs et aux circonstances particulières de l'acte juridique que les parties se proposaient d'accomplir (1). Le motif de l'adrogation n'était-il de la part de l'adrogeant ni honteux ni contraire aux bonnes mœurs! Tel était un des buts principaux de l'enquête.

On recherchait s'il était dans l'intérêt de l'État de supprimer une famille, si l'adrogeant ne ferait pas mieux de songer à se constituer par mariage une progéniture. Aussi exigeait-on, en principe, que celui qui voulait adroger n'eût pas d'enfants. S'il a des enfants, pourquoi adrogerait-il? pourquoi restreindrait-il les droits légitimes que les enfants légitimes ont sur son hérédité future ? Aussi encore exigeait-on que l'adrogeant eût au moins soixante ans (*loc. cit.*). Avant cet âge, on accordait difficilement le bénéfice de l'adrogation ; la règle ne fléchissait qu'en faveur de celui que son état maladif empêchait d'avoir des enfants ou qui pouvait invoquer quelque autre raison légitime, telle, par exemple, que le désir d'adroger un parent.

On n'admettait pas, en règle générale, une même personne à en adroger plusieurs autres.

Enfin, on n'admettait pas non plus l'ex-tuteur ni le curateur à adroger un mineur de vingt-cinq ans, de peur que l'adrogeant ne cherchât dans

______

(1) V. Dig., loi 15, § 2. *De adopt.*

l'adrogation un moyen commode d'éviter une reddition de comptes ou d'en cacher l'inexactitude. Toutefois, un empereur a permis, par un rescrit, au beau-père tuteur d'adroger son beau-fils, parce qu'ici les motifs de suspicion n'existent plus au même degré. C'est dans le même esprit de protection pour la pupille que le mariage était interdit entre l'ex-tuteur ou son fils et sa pupille, avant qu'elle eût atteint l'âge de vingt-six ans. (V. Loi 66. *De ritu nupt.* Dig.)

Qu'arriverait-il donc si le fils de Titius ayant épousé la femme qui a été ma pupille, j'adroge ensuite Titius ou j'adroge son fils, avant que cette femme ait atteint l'âge de vingt-six ans? La raison de douter provient de ce que dans les deux cas l'adoption a fait passer le fils de Titius sous la puissance paternelle de l'ex-tuteur de sa femme, et amène ainsi la violation de la règle qui s'oppose aux liens du mariage entre l'ex-tuteur ou son fils et son ancienne pupille? L'adoption sera-t-elle imputée nulle, non avenue ou, au contraire, le mariage est-il dissous? Le jurisconsulte Tryphoninus pose la question dans la loi 67 *de ritu nuptiarum* et la résout en termes peu clairs d'ailleurs, dans le même sens qu'a déjà été résolue celle relative à l'adoption d'un gendre, c'est-à-dire dans le sens de la dissolution du mariage.

Section deuxième.

Qui peut être adrogé.

Peuvent seulement être adrogés les citoyens romains *sui juris* les *patres familias;* car la qualité d'étranger était exclusive de la puissance paternelle et s'il s'agissait d'un fils de famille, c'est à l'adoption proprement dite qu'il faudrait avoir recours.

Les qualités de citoyen romain et de père de famille ne suffisaient pas : au temps où l'adoption résultait d'une loi curiale, il fallait avoir la capacité d'assister aux comices. Aussi ni les femmes, ni les impubères , d'après les principes pures du Droit romain, ne pouvaient être adrogés, parce que ces personnes n'ont pas accès dans les causes; elles n'ont pas la *comitiorum communio* la participation aux comices (1). Relativement à l'impubère, il y avait une raison de plus pour prohiber son adrogation, et cette raison consistait dans l'incapacité générale résultant de son jeune âge, incapacité que ne pouvait lever son tuteur; car il eût dépassé ses pouvoirs en autorisant à devenir *alieni juris* la personne confiée à sa foi (2).

Il semble que la femme eût dû être relevée de son incapacité d'être adrogée, dès que les comi-

---

(1) Aulu-Gelle, *Nuits. attiq.*, V. 19.
(2) Aulu-Gelle, *ibid.*

ces par curies ne furent plus convoqués que ficti-
vement; mais il arrive souvent que l'effet survit à
la cause et c'est ce qui arriva dans notre matière.
Encore du temps de Gaius (Com. 1, § 101,) et
d'Ulpien (Fragm., tit. 8, §. 6,) l'adrogation d'une
femme est impossible. C'est seulement une constitution de l'empereur Dioclétien qui permet à
une femme d'être adrogée *ex rescripto princi-
pis*. V. loi 8, *in fine*, Code, *de adopt.;* il est
donc évident que la loi 21 au Dig. *de adopt.*,
mise sous le nom de Gaius, a été altérée par les
compilateurs byzantins.

Quant à l'impubère, son incapacité d'être adrogé
fut levée dès le règne d'Antonin le Pieux, par une
constitution de ce prince, mais sous la réserve de
certaines garanties que nous examinerons spécia-
ment dans un appendice.

Un affranchi pouvait-il être adrogé? Il faut distinguer. En principe, l'adrogation des affranchis
n'était pas favorable; car, d'une part, c'était ou-
vrir à cette classe d'hommes un moyen facile de
parvenir aux droits d'ingénuité, et d'autre part,
c'était porter atteinte aux droits de patronage
incompatibles avec l'exercice de la puissance paternelle de l'adrogeant. (V. Aulu-Gelle. Nuits
attiq. V. 19).

Aussi s'agit-il de l'affranchi d'autrui? L'adrogation n'est pas possible (V. loi 15, § 3. Dig. *de
adopt.*), à moins que le patron n'y consente. Si l'a-
drogation de l'affranchi d'autrui a été surprise et
obtenue par la ruse, elle ne porte aucune atteinte

aux droits du patron. (V. loi 49. *De bonis liberti*, 38. 2 Dig.).

S'agit-il de son propre affranchi? L'adrogation est possible, pourvu qu'elle ait un motif plausible. (V. loi 3. Code, *de adopt.*), mais l'affranchi adrogé n'en restera pas moins de condition affranchie. (V. loi 27. *De statu hominum.* Dig.)

Enfin, l'adrogation d'un enfant né d'un concubinat est-elle permise à son père ?

Du temps des jurisconsultes, l'affirmative n'est pas douteuse. Un homme qui a un fils naturel, peut le rendre *suus,* le faire entrer dans sa famille civile en l'adoptant ou, ce qui se présentera plus fréquemment, en l'adrogeant (1).

Dans le Bas-Empire, l'empereur Anastase consacrant d'une manière générale, pour le présent et pour l'avenir, le principe de la légitimation par mariage subséquent, reconnaît expressément la validité de l'adrogation des enfants naturels (2); mais en 519, l'empereur Justin, tout en déclarant qu'il maintient leur efficacité aux adrogations de ce genre qui ont déjà eu lieu, ajoute dans les termes les plus explicites qu'il les prohibe pour l'avenir : *arrogationes ulterius minime ferendæ sunt.* Justinien confirme cette prohibition au nom des bonnes mœurs et de la faveur due au mariage (3). Il est donc vrai de dire que, dans le dernier état

(1) Loi 11, Dig. *De his qui sui vel. alieni juris,* et loi 46, *De adopt.*

(2) Loi 6, Cod. *De naturalibus liberis.*

(3) Nov. 74, Cap. 3.

du droit romain, le père qui veut conférer à son enfant naturel la qualité et les droits d'enfant légitime, ne peut pas procéder par voie d'adrogation.

CHAPITRE II.

DES FORMES DE L'ADROGATION.

Anciennement, il fallait que l'adrogation fût faite avec l'avis des pontifes et par la volonté souveraine du peuple.

Gaius ne nous indique pas dans ses Commentaires que l'intervention des pontifes fût nécessaire; mais Tacite (1) supplée au silence du jurisconsulte, et Aulu-Gelle, contemporain de Gaius, nous dit que l'adrogation s'accomplit avec l'approbation des pontifes : *arbitris etiam pontificibus.* (V. Nuits attiq. V. 19).

En effet, les Romains, à la différence des nations modernes, ne séparaient pas le pouvoir religieux du pouvoir civil; ils les confondaient, au contraire, dans une union intime, et les complétaient l'un par l'autre. Qu'un homme soit condamné pour crime, ils disent qu'il est dévoué aux dieux, *sacer est*, et Ulpien fait de la religion une branche du droit public (2). Ici, en particulier, c'est un ensemble de pratiques religieuses, de rites, de prières, qui va finir avec la famille

(1) Histoires, V. n° 15.
(2) Loi 1, § 2, Dig. *De justitia et jure.*

de l'adrogé ; c'est le culte des dieux, protecteurs d'un foyer désormais désert, qui va s'éteindre ; ce sont les libations et les repas funèbres en l'honneur d'une longue série d'ancêtres, désormais condamnés à une faim perpétuelle (1) qui vont cesser pour toujours : il est donc juste que ce trouble apporté aux sacrifices et à la religion domestique ne s'accomplisse pas sans que les pontifes aient été consultés et aient donné leur avis.

Quant à la volonté du peuple, elle se manifestait par une loi. Le peuple convoqué, on demandait à l'adrogeant s'il voulait avoir pour fils aux yeux de la loi celui qu'il se proposait d'adopter ; à l'adrogé, s'il consentait à l'adoption ; enfin au peuple, s'il permettait qu'il en fût ainsi et que les volontés concordantes de l'adrogeant et de l'adrogé produisissent effet. (V. Gaius. Com. 1, § 99).

Si l'on en croit Gaius, ce serait de ces trois interrogations successives que serait venu à l'acte que nous examinons son nom particulier d'adrogation. Mais cette étymologie est-elle exacte ? et ne devons-nous pas préférer celle que rapporte Aulu-Gelle en ces termes : *Adrogatio autem dicta quia genus hoc in alicnam familiam transitûs per populi rogationem fit?* Et Pompéius Festus nous ap-

(1) Ciceron, *pro Flacco*, 38. Si bizarre que cela nous paraisse, il est certain que les Romains croyaient que les morts avaient besoin de nourriture ; d'où les sacrifices et les repas funèbres ; d'où la *culina*, espèce de cuisine d'un genre particulier et à l'usage du mort, que l'on trouve dans les tombeaux romains. — V. Festus. Verbo *Culina*.

prend qu'il y a *rogatio* toutes les fois que le peuple est consulté pour une affaire qui intéresse plus particulièrement un ou plusieurs citoyens que toute la cité (1).

Quoi qu'il en soit à cet égard, Cicéron, dans son plaidoyer *pro domo* (2), relate la formule de l'interrogation qu'on adressait à l'adopté : *Auctor ne es ut in te P. Fonteius vitæ necisque potestatem habeat, ut in filio ?* Et Aulu-Gelle, dans ses Nuits attiques (3), nous a conservé la formule de l'interrogation adressée au peuple : *Velitis, jubeatis, Quirites, uti Lucius Valerius Lucio Titio tam jure legeque filius sibi sit, quam si ex eo patre matreque familias ejus esset, utique ei vitæ necisque in eum potestas sit uti patri endo filio est ; hæc ita, ut dixi, ita vos, Quirites, rogo.* Presque toute la théorie des effets de l'adrogation est contenue virtuellement dans cette dernière formule.

Pourquoi l'adrogation exigeait-elle une loi ? Parce que l'adrogation s'appliquant à un père de famille fait disparaître de la cité une famille. Or, dans les idées primitives, l'Etat, c'était une agglomération de familles ; l'élément de l'Etat romain, c'était la famille plutôt que l'individu.

Primitivement, et même après l'établissement des comices par centuries, le consentement du peuple était donné dans les comices par curies ; mais, plus tard, il fut donné par trente licteurs

(1) Schulting. *Jurisprudentia vetus antejustinianea,* page 49.
(2) Cic. 13, § 34.
(3) Aulu Gelle, V. 19.

qui représentaient les trente curies, et des passages de Cicéron prouvent que cette réunion fictive des curies était déjà usitée avant la fin de la République (1).

De ce qu'il fallait le consentement du peuple, il résulte que l'adrogation ne pouvait avoir lieu qu'à Rome et non dans les provinces. *Adoptio quœ per populum fit, nusquam nisi Romœ fit* (2).

Sous Justinien, il n'est plus question ni des pontifes ni de loi Curiate; l'adrogation s'opère par un rescrit du prince. V. Inst., § 1, tit. 11, liv. 1.

A quel moment ce changement dans les formes de l'adrogation s'est-il réalisé? A quel moment la volonté du prince a-t-elle remplacé ici la volonté des pontifes et des comices par curies?

On ne peut fixer cette époque avec certitude. Tout ce qu'on sait, c'est que ce changement existait sous le règne de Dioclétien. Ulpien indique que, de son temps encore, l'adrogation s'accomplissait *per populum* (3); mais deux Constitutions de Dioclétien, insérées au Code de Justinien, nous montrent l'adrogation se formant *per principem*. La loi 2, *in fine, de adoptionibus,* au Code, dit : « L'adrogation faite avec la permission bienveillante de l'Empereur et constatée ensuite par écrit devant le prêteur ou le président, vaut autant que si elle avait été faite *per populum, jure antiquo*, » et la loi 6, *eod. tit.* « l'adrogation de ceux

(1) Ciceron, *pro domo* 16, et *De leg. agr.* Dis. 2, ch. 12.
(2) Gaius, Com. 1, § 100.
(3) *Regulœ*, tit. 8, § 2.

qui sont *sui juris,* ne peut avoir lieu à Rome, et dans les provinces que par un rescrit de l'Empereur.

La fin de cette constitution nous apprend que le changement dans la forme avait amené un changement quant au lieu où s'accomplissait l'adrogation et que la présence à Rome n'était plus exigée.

En principe, il suffit que l'adrogeant et l'adrogé consentent à l'adrogation. Ainsi, les agnats n'ont aucune approbation à donner, et les enfants de l'adrogé ne sont nullement consultés, sauf, s'il y a lieu, l'application de la maxime : *Nemini invito heres suus agnascitur,*

Toutefois, la règle qui limite aux personnes de l'adrogeant et de l'adrogé la nécessité du consentement, a reçu une exception sous l'Empire. Le mineur de vingt-cinq ans ne peut pas être adrogé sans l'assentiment de ce curateur. Cette innovation date de l'empereur Claude. (V. loi 8, Dig. *de adopt.*

Pas plus que l'adoption proprement dite, l'adrogation ne pouvait se former *per procuratorem,* du moins jusqu'à Dioclétien, et elle ne comportait par la nature des choses, ni terme ni condition. (V. Dig. loi 24 et 25).

CHAPITRE III.

Ce qui donne à l'adrogation son caractère différentiel, c'est qu'il n'y a pas seulement ici, comme dans l'adoption proprement dite, passage d'un membre d'une famille dans une autre. En matière d'adrogation, c'est toute une famille qui se confond avec son chef dans une autre famille, qui abdique ses dieux lares, sa religion domestique (1), qui renonce au culte de ses ancêtres et qui porte vers d'autres pénates et vers d'autres ancêtres ses hommages et ses prières.

J'examinerai, dans une première section, les effets de l'adrogation au point de vue de la personne de l'adrogé et de ses fils de famille ; dans une deuxième section, les effets de l'adrogation au point de vue des biens de l'adrogé.

SECTION PREMIÈRE.

Effets de l'adrogation au point de vue de la personne de l'adrogé et de ses fils de famille.

Par l'adrogation, l'adrogé qui n'était sous la puissance de personne, qui ne relevait et ne dépendait que de lui-même et de son droit, passe sous la puissance paternelle et dans la famille de l'adrogeant.

J'ai indiqué, à propos de l'adoption proprement dite, les conséquences les plus importantes de ce changement de famille ; j'y renvoie et je

____

(1) Cic. *Pro Domo,* 23, § 34.

n'insiste que sur certains effets qui sont spéciaux à l'adrogation.

Une de ces particularités, c'est que l'adrogation ne borne pas son effet aux deux parties contractantes ; l'adrogé entraîne avec lui, sous la même puissance, tous ceux qui étaient dans sa propre dépendance et qui relevaient de son droit, enfants du sang ou enfants adoptifs, peu importe (1). Le rang de ces enfants dans la famille nouvelle se règle sur celui qu'y occupe l'adrogé : l'adrogé y est-il entré à titre de fils ? Leur degré, par rapport au nouveau *pater familias* est d'un degré inférieur à celui qu'ils avaient dans la famille de l'adrogé ; s'ils étaient au rang de fils, ils sont maintenant au rang de petits-fils. Justinien, dans ses Inst., § 11, *de adopt.*; nous fournit un exemple : Auguste ne voulut adopter Tibère qu'après que ce dernier eût adopté Germanicus, afin qu'immédiatement après l'adrogation Germanicus se trouvât le petit-fils d'Auguste.

Tout le monde admet que l'adrogé subit une *minima capitis deminutio ;* car, à la fois, il change de famille et sa capacité éprouve une diminution, puisque de chef de famille il devient fils de famille. Les fils de famille de l'adrogé subissent-ils également une *capitis deminutio ?* On le nie, dans la doctrine qui fait consister la *minima capitis deminutio* dans une diminution de capacité, en un changement *in pejus ;* et, en effet, les enfants

____

(1) Loi 40. Dig. et loi 15. Dig. *de adopt.*

restent, après l'adrogation, ce qu'ils étaient avant, des fils de famille (1) ; mais j'aime mieux dire que la *minima capitis deminutio* consiste dans la *familiæ mutatio,* et ne pas distinguer entre l'adrogé et ses enfants à cet égard, puisque le changement de famille leur est commun.

Il importe de remarquer que Justinien n'a pas étendu au cas d'adrogation sa réforme du caractère de l'adoption proprement dite en cas d'adrogation. Il devait en être ainsi parce que l'adrogation constitue un acte purement volontaire de la part de celui qui se donne en adrogation et qui abdique sa qualité de *sui juris.* Dans le droit de Justinien, comme par le passé, l'adrogé passe toujours sous la puissance et dans la famille de l'adrogeant. V. § 5, loi 10, Code *de adopt.*

SECTION II

Effets de l'adrogation au point de vue des biens de l'adrogé.

En ce qui concerne les biens de l'adrogé, il s'opère au profit de l'adrogeant une acquisition en masse, dont les règles ont été établies, non pas par la loi des douze tables ou par le droit prétorien, mais par l'usage et le droit coutumier (2). Ce sont ces règles que nous allons étudier.

---

(1) V. Savigny. Traité de droit romain. Tome 2. *Appendice.*
(2) V. Ulpien, loi 15, Dig. *De adopt.,* et Instit, III, **10,** *Princip.*

Le principe fondamental, en cette matière, c'est que l'adrogation constitue, si j'ose m'exprimer ainsi, un père rétroactif ; elle place l'adrogé, par rapport à l'adrogeant, dans la même situation que si, dès sa naissance, il avait été le fils de famille de l'adrogeant. Cette idée ressort, avec évidence, des termes de l'interrogation adressée au peuple. *Lucius Valerius Lucio Titio tam jure legeque filius sibi sit quàm si ex eopatre matreque familias ejus natus esset.....* (1) Dans la réalité, la puissance paternelle de l'adrogeant n'existe sur l'adrogé que du jour de l'adrogation ; mais on la fait rétroagir, et par une fiction qui a sa base dans la volonté du législateur, peuple ou empereur, on suppose qu'elle a toujours existé.

Avant d'examiner la règle de l'acquisition à titre universel qui nous occupe en ce moment, il importe de faire une distinction. En effet, celui qui est adrogé, ne peut être qu'un *pater familiâs ;* ce *pater familiâs* avait certains droits ; il avait certaines dettes ; un actif, un passif ; nous rechercherons donc quelle est l'influence de l'adrogation : 1° sur les droits ; 2° sur les dettes de l'adrogé.

1° Occupons-nous de l'effet de l'adrogation quant aux droits que l'adrogé avait avant de se donner en adrogation.

§ 1. A l'époque classique, tous les biens de l'adrogé passent à l'adrogeant ; l'actif de l'adrogé, qui devient *alieni juris* et qui, dès-lors, en prin-

______
(1) Aulu-Gelle, V, 19.

cipe, ne peut rien avoir à lui (1), se confond dans le patrimoine de l'adrogeant. Ulpien indique ce résultat dans la loi 5, **Pr. Dig.**, *de adopt.* et Gaius, Com. 3, § 83, nous dit : « Toutes les choses qui appartenaient à l'adrogé, soit choses corporelles, soit choses incorporelles, et tout ce qui lui était dû, c'est-à-dire ses droits de créance, sont transmis au père adoptif. »

Toutefois, par une double dérogation, il y a certains droits qui ne passent pas à l'adrogeant, mais qui disparaissent absolument ou qui restent propres à l'adrogé.

Les droits qui disparaissent sont ceux qui s'éteignent par la *minima capitis deminutio*. V. Gaius, § 83 III. Tels sont : 1° l'usufruit ; 2° l'usage ; 3° le *jus agnationis*, c'est-à-dire les droits de tutelle et de succession qui dérivent de la qualité d'agnat ; 4° certaines créances de services dus par des affranchis. V. Gaius, *ibid*. Il faut supposer que l'adrogé avait affranchi des esclaves avant son adrogation. Dans cette hypothèse, les affranchis peuvent lui devoir des services de diverse nature ; ils ont pu lui louer leurs services comme à tout autre maître ; ce sont les *operæ fabriles*. Ils ont pu lui promettre des services en reconnaissance du bienfait de la liberté ; ce sont les *operæ officiales*. Les *operæ fabriles* peuvent être dues à qui que ce soit, tandis que les *operæ officiales* ne sont dues qu'au patron (2). En matière d'adrogation c'est

(1) V. Gaius, Com. 1, § 37.
(2) V. loi 9, § 1, *De operis libertorum*, Dig.

la créance des *operæ officiales* qui s'éteint; 5° *ea quæ legitimo judicio continentur* (Gaius, *ibid.*), c'est-à-dire les créances qui avant l'adrogation avaient été, de la part de l'adrogé, l'objet d'une liaison d'instance dans un *judicium legitimum*. Si l'instance contre un débiteur, introduite par celui qui se donne en adrogation, réunit les caractères énumérés par Gaius (Com. 4, § 104); l'adrogeant ne pourra poursuivre le procès engagé; 6° enfin, la créance résultant d'une *adstipulatio*. V. Gaius, Com. 3 § 114.

Les droits qui, par une nouvelle exception au principe de transmissibilité des biens à l'adrogeant, restent à l'adrogé, sont ceux qui seraient de nature à former un péule *castrans* ou un pécule *quasi castrans*, si ce dernier pécule existait du temps des jurisconsultes. Ainsi, celui qui se donne en adrogation, a acquis des biens au service militaire; s'il était fils de famille, au lieu d'être *sui juris*, ces biens lui composeraient un pécule *castrans :* l'adrogation mettant les choses dans l'état où elles seraient si l'adrogé était depuis sa naissance *in potestate*, ces biens lui seront conservés (1).

§ 2. Justinien maintient le principe de la transmission à titre universel des biens de l'adrogé à l'adrogeant; mais ce principe ne produit plus les mêmes conséquences qu'au temps des jurisconsultes par suite de changements opérés dans d'autres parties de la législation. Voilà pourquoi

______

(1) V. Arg., § 5, Inst. *de test. milit.*, et loi 23, Dig., *eod. tit.*

les Institutes, en indiquant, dans le § 1er, tit. 10, liv. 4, le droit de l'époque classique, emploient l'imparfait.

En effet, les fils de famille ne font plus profiter leur père de toutes leurs acquisitions : l'institution des pécules s'est considérablement développé. Les acquisitions provenant de source étrangère, *aliunde qdam ex re patris*, composent un pécule adventice sur lequel le père a seulement un droit d'usufruit. Par application de ces idées nouvelles, l'adrogeant n'acquerra donc que l'usufruit des biens de l'adrogé. V. Inst. § 2, *eod. tit.*

En outre, les droits qui périssent par la *minima capitis deminutio* sont moins nombreux. L'usufruit et l'usage ne s'éteignent plus par la *minima capitis deminutio.* (V. loi 16, Code III, 33.) L'adrogeant acquerra par conséquent les droits d'usufruit et d'usage qui pourront appartenir à l'adrogé. A l'existence de qui seront attachés ces droits? Ils vivent aussi longtemps que l'adrogeant; si celui-ci meurt avant l'adrogé, l'adrogé en deviendra titulaire pendant le reste de sa vie : ainsi le droit repose sur deux têtes et dure autant que la plus longue existence. (V. loi 17, Code *eod. tit.*) Quant aux *judicia legitima* ils ont disparu dans le droit de Justinien et l'instance est toujours traitée comme l'ancien *judicium imperio continens.*

2° Occupons-nous maintenant de l'effet de l'adrogation relativement aux dettes que l'adrogé avant de se donner en adrogation.

A l'époque de la jurisprudence classique, il faut distinguer trois catégories de dettes :

. 1° Les dettes héréditaires qui composent le passif d'une succession recueillie par l'adrogé avait avant l'adrogation ;

2° Les dettes résultant de contrats ;

3° Les dettes résultant de délits.

§ 1ᵉʳ.

L'adrogé peut avoir acquis des hérédités avant son adrogation et être soumis aux dettes dont ces hérédités étaient grevées.

Dans ce cas, l'adrogeant est tenu des dettes personnellement et *in solidum*. (V. Gaius, Com. 3, § 84). *Quia suo nomine ipse pater adoptivus... heres fit, directo jure tenetur.* Au contraire l'adopté cesse d'en être tenu, *quia desinit jure civili heres esse*.

Les jurisconsultes romains auraient pu, sans violer aucun principe, décider que l'adrogeant ne serait pas soumis aux dettes héréditaires qui sont devenues, par l'adition, dettes personnelles de l'adrogé ; mais il semble qu'il aient reculé devant l'iniquité de ce résultat. D'une part, l'adrogé en faisant adition de son chef, quant il était encore *sui juris*, a fait une adition régulière. D'autre part, l'adrogation, qui constitue en elle-même un acte volontaire, équivaut à une sorte d'approbation de l'adition, approbation qui peut être considérée comme équivalente à un *jussus* et nous savons qu'une adition faite par un fils de famille avec le *jussus* du père fait acquérir l'hérédité au père, mais oblige celui-ci à supporter les dettes qui, dans le tout formé par une hérédité au moment où elle est ouverte, ne se séparent pas des biens. Les jurisconsultes auront préféré s'arrêter à ces considérations pour arriver à la décision équitable qui a en effet passé dans Gaius.

§ 2.

Quant aux dettes provenant de contrats, le droit civil et le droit prétorien sont en désaccord.

En droit civil l'adrogeant n'est pas tenu des dettes contractées par l'adrogé. (V. Gaius. Com. 3, § 83.) *Neque pater adoptivus teneatur ;* de sorte que tout en acquérant les créances, l'adrogé ne se trouvait pas cependant grevé du passif.

Ce défaut d'harmonie est une conséquence de l'idée fondamentale de la matière, à savoir que l'adrogation constitue un père rétroactif. L'adrogé est réputé avoir été fils de famille dès sa naissance. Or, un fils de famille n'oblige jamais par ses contrats le chef de famille, s'obligeât-il avec le consentement de ce dernier. En un mot, les jurisconsultes se sont attachés à l'effet direct et immédiat que produisait l'adrogation ; ce qu'elle procurait directement et immédiatement, c'était la puissance paternelle et ils ont dès lors mesuré la portée de l'acquisition pécuniaire qui en résultait pour le *pater* sur les règles propres à cette puissance qui permettait bien au fils d'améliorer la condition du père, mais non de la rendre pire.

Si l'adrogeant n'est pas tenu, du moins l'adrogé reste-t-il tenu *jure civili?* Non. L'adrogé cesse d'être civilement débiteur de ses obligations contractuelles, parce que la *minima capitis deminutio* est considérée comme renouvelant la personnalité de l'individu qu'elle frappe : la personne du débiteur est considérée comme disparaissant pour faire place à une nouvelle.

Il est vrai que l'adrogé restait tenu naturellement. Cette survivance d'une obligation naturelle à une obligation civile pouvait suffire pour sauver les droits des créanciers, s'ils s'étaient pourvus d'une sûreté hypothécaire ou s'ils avaient eu soin de faire garantir l'engagement principal par des fidéjusseurs; la règle était que l'hypothèque et la fidéjussion ne périssaient pas, tant qu'il y avait persévérance d'une obligation naturelle. *Ubicumque reus ita liberatur à creditore ut naturâ debitum maneat teneri fidejussorem;* V. loi 60, Pr. Dig. *de fidejuss.* (V. également la loi 14, § 1, Dig. *de pignor.*) Mais à part le cas de garantie hypothécaire ou de fidéjussion, les créanciers, privés du droit d'agir, se trouvaient dans une position regrettable.

Il y a dans cette doctrine du droit civil une conséquence logique, mais évidemment peu équitable que le préteur ne devait pas admettre, sous peine de laisser un créancier à la merci d'un dé-

biteur qui peut se faire adroger. Aussi l'édit ne
tient-il pas compte de la *minima capitis deminutio* de l'adrogé et accorde-t-il au créancier
contre son débiteur *capite minutus* une action
comme s'il n'y avait pas eu changement d'état,
perinde quasi id factum non sit. (V. loi 2, § 1er,
Dig. *de capite min.* et Gaius, Com. 3, § 84.) Sans
doute l'action primitive, l'action directe se trouve
éteinte en droit civil; mais le préteur l'accorde
comme utile; il introduit une fiction dans la formule, et enjoint au juge de décider comme s'il
n'y avait pas eu *capitis deminutio* du débiteur.
(V. Gaius, Com. IV, § 38.)

Dans le cas dont s'agit on peut dire, avec les jurisconsultes romains (1), que le préteur accorde
au créancier une sorte de *restitutio in integrum*,
en ce sens qu'il remet ce créancier dans la position où celui-ci était avant la *capitis deminutio* du
débiteur; mais cette *restitutio* est une *restitutio* anomale, comme l'appelle M. Savigny : elle
diffère à deux points de vue de la véritable *restitutio in integrum* accordée aux mineurs de 25 ans.
En effet : 1° La véritable *restitutio* n'est accordée par le préteur qu'après une enquête; ici
la *restitutio* est accordée *de plano* sans examen. (V. loi 2, § 1er, *de cap. min.* IV, 5 Dig.; *judicium dabo*, sans ajouter *causâ cognitâ*.): 2° la véritable *restitutio* doit être demandée dans le délai d'une année utile; ici, au contraire, la *resti-*

_____

(1) V. Paul Sent. 1, 7, § 2.

tutio est perpétuelle et peut être demandée à toute époque. (V. loi 2, § 5, Dig. *eod. tit.*)

Même avec ces actions utiles accordées par le préteur dans un esprit d'équité, la position des créanciers de l'adrogé se serait trouvée singulièrement empirée. Car avant l'adrogation, leur débiteur était *sui juris;* il avait des biens qui lui appartenaient en propre et qui formaient le gage de ses créanciers. Au contraire, après l'adrogation leur débiteur est devenu *alieni juris;* ses biens ont passé en d'autres mains et la garantie de paiement des créanciers a disparu.

Mais le préteur n'avait pas borné là son intervention. Non content d'accorder au créancier une action utile contre le débiteur, il veillait en outre à ce que cette action ne restât pas un secours illusoire. L'adrogeant peut venir défendre à l'action restituée par le droit prétorien, c'est-à-dire se constituer le défendeur dans l'instance intentée par le créancier, laisser figurer son nom dans la *condemnatio;* dans ce cas, l'adrogeant, s'il est condamné, sera exposé aux mêmes conséquences que s'il avait été poursuivi pour sa propre dette. Au contraire, s'il refusait de jouer le rôle de défendeur, le préteur ne lui permettait pas de conserver les biens que lui a fait acquérir l'adrogation : voici à l'aide de quel moyen. Le père adoptif ne consentant pas à figurer comme défendeur, le procès suivra son cours contre son fils, mais l'exécution se fera sur les biens qui, par l'effet de l'adrogation, ont passé de l'adrogé à l'adrogeant ; le préteur, poussant la fiction jusqu'au bout, accorde aux créanciers l'envoi en possession de tout ce qui constituerait le patrimoine de l'adrogé, s'il était resté *sui juris*, et le magistrat assure ainsi, conformément à l'équité, l'efficacité des condamnations prononcées contre le *capite minutus*. V. Gaius. Com, 3 § 84.

N'y avait-il pas pour les créanciers un autre mode d'arriver à obtenir le paiement d'une dette contractée par un père de famille qui est devenu par adrogation fils de famille ?

A cet égard, il y a eu controverse entre les jurisconsultes romains. Les Proculeiens étendaient l'action *de peculio* aux dettes de l'adrogé contractées antérieurement à l'adrogation ; la loi 42. Dig. *de peculio*, nous l'apprend en termes formels. Les mots « *ex ante gesto* », qui se rencontrent dans le deuxième membre de phrase de la loi 42, impliquent forcément l'idée d'une dette contractée antérieurement à l'acquisition de la puissance paternelle sur l'adrogé.

Les Sabiniens au contraire refusaient de donner aux créanciers l'action *de peculio*. Cassius et Sabinuns, qui le décidaient ainsi, loi 42, s'attachaient rigoureusement à l'idée que l'action *de peculio* suppose un pécule, qui dans l'espèce, ne se rencontre pas, puisque l'adrogé était *pater familias* au moment où il s'est obligé. C'était également l'opinion de Julien, autre jurisconsulte sabinien. V. loi 19. Dig., *De mortis causâ donat.*

Ulpien approuve la décision de l'école proculéienne et semble indiquer que cette décision avait prévalu ; l'action sera donnée *de peculio* contre l'adrogeant. Quelque singulier que ce résultat paraisse au premier abord, je crois qu'il est en parfaite corrélation avec l'idée de paternité rétroactive qui domine toute la matière des effets de l'adrogation. Puisque l'adrogé est censé avoir été dès sa naissance sous la puissance paternelle de l'adrogeant, il est logique de traiter comme un pécule le patrimoine qu'avait l'adrogé avant son adrogation.

A l'époque classique, les créanciers de l'adrogé peuvent donc agir, soit directement contre l'adrogeant par l'action *de peculio*, soit contre l'adrogé par action utile : quelle est précisément la différence de ces deux voies ?

1° L'action *de peculio* est temporaire et elle est renfermée dans le délai d'une année utile à partir de la révocation du pécule. Au contraire l'action utile est perpétuelle.

2° Par l'action *de peculio*, les créanciers faisaient condamner l'adrogeant sur son patrimoine, soit jusqu'à concurrence de ce qu'il avait acquis par l'adrogation s'il n'avait pas laissé les biens entre les mains de l'adrogé, soit jusqu'à concurrence de la force du pécule au moment de la condamnation, s'il avait laissé les biens entre les mains de l'adrogé Au contraire par l'action utile les créanciers arrivaient à se faire mettre en possession des biens de leur débiteur réputés être restés son patrimoine et à les convertir en argent par une *bonorum venditio* ou vente en masse.

3° Enfin, dans l'action *de peculio*, pour calculer la valeur du pécule, on défalquait ce que le fils de famille devait au père, bien qu'il n'y eût entre eux qu'une obligation naturelle : par conséquent, au cas où un débiteur était adrogé par son créancier et où ce dernier était poursuivi *de peculio*, il fallait déduire ce que l'adrogé devait à l'adrogeant et cette déduction équivalait à un droit de préférence au profit du créancier adrogeant (1). Au contraire, les autres créanciers n'avaient pas à craindre une semblable déduction, quand par suite de l'action utile, ils arrivaient à la *missio in possessionem* et à la vente en masse des anciens biens de l'adrogé.

Si, dans l'action utile, les autres créanciers n'avaient pas à craindre une sorte de prélèvement par l'adrogeant, quand ce dernier était créancier, avaient-ils du moins à subir son concours?

Je ne le crois pas. La loi 2 § 4 de *capite minutis*, Dig. dit que celui qui a adrogé son débiteur a perdu son action qui ne lui sera pas restituée même après que l'adrogé sera redevenu *sui juris*. D'ailleurs que rescinde le préteur? la *capitis deminutio* subie par le débiteur qui s'est donné en adrogation ; cette rescision n'est pas la rescision de la puissance paternelle de l'adrogeant qui continue à être *pater* à l'égard de celui qu'il a adrogé ;

____

(1) V. loi **7**, *De peculio leg*. Dig.

dès lors il n'a et ne peut avoir qu'une obligation naturelle contre l'adrogé, et une semblable obligation ne lui permet pas de concourir avec les autres créanciers.

§ 3.

Voyons maintenant ce qui concerne les dettes de l'adrogé résultant de délits.

Le préteur n'a pas eu besoin de corriger le droit civil ; les dettes nées de délits subsistent à la charge de l'adrogé. *Nemo delictis exuitur quamvis capite minutus sit.* V. loi 2 § 3 *De cap. min.* Dig. Aucune restitution n'est nécessaire ; l'adrogeant sera poursuivi par action noxale.

Il y a donc dans la matière des contrats des règles arbitraires qu'on ne trouve pas dans celle des délits ; ainsi on ne reconnaît pas le renouvellement de la personne en ce qui concerne les obligations nées de délits. Cela tient à ce que l'obligation née de délit concerne moins l'homme considéré comme sujet du droit civil que l'homme considéré comme être raisonnable et responsable de ses méfaits : elle est attachée moins à l'homme *civil* qu'à l'homme *naturel*.

Voilà le droit à l'époque des jurisconsultes classiques. Justinien n'a rien eu à changer en ce qui touche les dettes héréditaires et les dettes nées d'un délit. Quant aux dettes nées d'un con-

____

(1) En ce sens, M. Machelard. Ob. nat., page 334.

trat, il maintient au fond le droit prétorien, mais il ne parle pas de la nécessité de la restitution et des actions utiles. *Ipso quidem jure adrogator non tenetur, sed nomine filii convenietur.* L'adrogeant est mis en cause, et si l'adrogeant ne défend pas l'adrogé, les créanciers pourront faire vendre les biens de leur débiteur, y compris le droit d'usufruit appartenant à l'adrogé. Inst. § 3, III, 10.

L'acquisition *per universitatem* résultant de l'adrogation était définitive. Quand même l'enfant sortait, par une émancipation de la puissance de l'adrogeant, ses biens restaient confondus dans le patrimoine de ce dernier. Il a fallu le rescrit d'Antonin le Pieux pour obliger l'adrogeant à restituer les biens de l'adrogé impubère émancipé sans juste cause.

APPENDICE

De l'adrogation des impubères

L'adrogation des impubères ne date que du règne d'Antonin le Pieux. Gaius nous apprend § 102, Com. 1 que jusqu'à cette époque l'adrogotion des impubères avait été quelquefois permise, probablement à titre de faveur spéciale et en vertu de la toute-puissance législative, mais qu'elle a été définitivement autorisée, sous certaines conditions, par un rescrit d'Antonin le Pieux.

Et d'abord, après quels préliminaires, après quelles mesures préparatoires l'adrogation d'un impubère est-elle permise ?

En général toute adrogation n'a lieu qu'après enquête. Spécialement quand il s'agit d'un impubère, l'enquête est faite d'une façon plus scrupuleuse et plus approfondie qu'à l'ordinaire et on recherche notamment si elle est avantageuse au pupille. Au lieu de se préoccuper presque exclusivement de l'intérêt de l'Etat, on se préoccupe des intérêts pécuniaires et moraux de l'impubère. V. Inst. § 3. I. 11 et loi 17. Dig. *de adopt.*

Quoique le rescrit d'Antonin le Pieux, tel qu'il nous est connu par les écrits des jurisconsultes ne paraisse pas avoir formellement exigé l'autorisation du tuteur pour que le pupille puisse se donner en adrogation, je n'hésite pas à dire qu'elle est nécessaire. Le silence de la constitution impériale à cet égard, s'explique si l'on se rappelle le principe d'après lequel le mineur ne peut rendre sa condition pire *sine auctoritate tutoris*. Comment concevoir que le pupille pût, sans cette autorisation passer sous la puissance d'autrui et par suite aliéner tout son patrimoine ? Si Antonin le Pieux n'a pas expressément désigné la condition de l'*auctoritas tutoris*, c'est qu'il n'avait pas besoin de le dire ; cela allait de soi. D'ailleurs il y a un texte d'où résulte implicitement pour les temps antérieurs la nécessité d'obtenir l'autorisation du tuteur. Dans la loi 5, Code, V. 59,

Justinien tranchant une controverse de l'ancien droit, admet qu'il suffira toujours de l'autorisation d'un seul tuteur, sans distinguer à quelle catégorie de tuteurs le tuteur autorisant appartient ; à moins cependant qu'il ne s'agisse d'une adrogation. Dans le cas où le pupille voudrait se donner en adrogation, Justinien décide qu'il faudra l'autorisation de tous les tuteurs. La décision de Justinien tranchant une question de plus ou de moins, implique l'idée que de tout temps, il a fallu l'autorisation au moins d'un tuteur pour le cas d'adrogation.

Enfin, un rescrit de Dioclétien a exigé l'intervention des parents qui devront donner leur avis sur l'opportunité de l'adrogation. Il y a dans ce texte, entre autres, comme le germe de ce qui est devenu dans le Code civil le conseil de famille.

Quand l'adrogation d'un impubère est reconnue opportune et profitable, quelles sont les conditions pour ainsi dire constitutives auxquelles elle est soumise ?

Ces conditions sont de deux sortes ; les uns sont destinées à sauvegarder les intérêts des impubères ; les autres sont destinées à sauvegarder les intérêts de certains tiers ; mais toutes ont ce caractère commun, à savoir qu'elles se rattachent à l'idée que l'adrogation doit être un acte d'affection et non un acte de spéculation de la part de l'adrogeant.

1° Conditions dans l'intérêt de l'adrogé impubère.

Il était à craindre qu'une fois l'adrogation consommée, l'adrogeant ayant recueilli le patrimoine de l'adrogé, n'émancipât ou n'exhérédât l'enfant encore impubère, qui se serait trouvé dépouillé de ses biens, transmis définitivement d'après les principes, aux mains de l'adrogeant. Antonin a voulu mettre, pendant l'impuberté, l'adrogé à l'abri de ce danger et voici ce qu'il a édicté dans ce but.

L'adrogeant a-t-il émancipé l'impubère ? On distingue.

S'il l'a émancipé avec juste cause ou motif, il devra lui restituer tous les biens que l'adrogé lui avait transférés au moment de l'adrogation ou acquis par la suite, de sorte que les torts même de l'adrogé ne lui nuisent pas. Ces torts sont en effet plutôt le résultat d'une légèreté d'esprit naturelle à l'enfance que le résultat d'une méchanceté calculée, et, bien qu'il ne soient pas complétement excusables, ils ne doivent pas du moins avoir une influence fâcheuse sur les intérêts pécuniaires de l'adrogé et tourner au profit de l'adrogeant.

Reste à savoir qui appréciera la légitimité de la cause ? On peut admettre que ce sera un conseil analogue à celui que nous voyons indiquer par Gaius (1), quand il s'agit d'apprécier la cause d'un affranchissement fait par un mineur de 20 ans.

____

(1) Gaius, com. 1, § 41.

Si l'adrogeant a émancipé l'adrogé sans juste cause, il devra lui restituer tous les biens dont nous venons de parler et en outre, il devra lui laisser le quart de ses propres biens. Ce quart des biens propres de l'adrogeant auquel a droit l'impubère s'appelle la quarte Antonine, du nom de l'empereur qui l'a instituée. V. Inst. § 3. I. tit. 11. Le texte des Institutes n'est pas très clair ; il semble dire que l'impubère ne peut être émancipé par l'adrogeant qu'autant qu'il a démérité ; ce qui n'est pas exact.

L'adrogeant a-t-il exhérédé l'impubère? On ne distingue plus.

Si l'impubère a été exhérédé avec ou sans juste cause, peu importe, les héritiers de l'adrogeant devront lui restituer ses biens et en outre lui abandonner le quart des biens personnels de l'adrogeant.

Il est vrai que plusieurs interprètes du droit romain (1) enseignent qu'il y a lieu même au cas d'exhérédation à distinguer s'il y a eu ou non juste motif et ils invoquent des raisons d'analogie; mais je préfère m'en tenir aux textes des Institutes et du Digeste (2) et je conteste l'analogie sur laquelle on se fonde dans l'opinion adverse. Si les justes causes que pouvait avoir l'adrogateur devaient être soumises à un conseil, c'était évidemment au moment où le père croyait avoir des plaintes à élever, que la réalité des faits devait

(1) V. M. Ortolan. Expl. Hist. des Inst. tome 2.
(2) Inst. § 3, *De adopt.*, et Dig. loi 13. *Si quid in fraud. pat.*

être constatée par enquête. Or relativement à l'exhérédation, écrite dans le testament, qui n'est connue le plus souvent qu'après la mort de l'adrogeant, cette enquête n'est plus si facile ; les circonstances ne sont plus aussi favorables pour la constatation de la réalité de grief de l'adrogeant contre l'adrogé. Du reste, le père adrogateur est dans son tort ; si l'adrogeant a laissé l'enfant sous sa puissance pendant toute sa vie, c'est que ses griefs n'étaient pas bien fondés ni bien importants (1).

La restitution des biens se fait toujours immédiatement. Au contraire la quarte Antonine ne peut être réclamée du vivant de l'adrogeant, parce qu'elleest une partie de la succession de ce dernier : par conséquent, l'adrogé, émancipé *sine justâ causâ*, est forcé d'attendre le décès de l'adrogeant pour pouvoir demander la quarte à laquelle il a droit (2).

Qu'il me soit ici permis de rappeler qu'au cas d'exhérédation imméritée, la quarte Antonine aura cet effet de fermer la voie à la *querela inofficiosi testamenti*, parce que cette querelle d'inofciosité est une ressource tout à fait subsidiaire et n'est accordée qu'à défaut de toute autre.

Comment, en pratique, fera l'adrogé pour réclamer la quarte Antonine ? Il faut savoir qu'en droit romain, pour qu'il fût possible de faire va-

---

(1) En ce sens, M. Demangeat, Cours élémentaire de droit romain, tome 1.

(2) V. Loi **13**, Dig. liv. 28, tit. 5.

loir un droit en justice, il ne suffisait pas, en théorie, que le principe de ce droit fût écrit dans la loi ;
il fallait de plus que l'on trouvât dans la loi le
droit spécial à une action pour la garantie des
autres droits antérieurement déterminés. Quelle
action aura donc l'adrogé pour demander la
quarte ?

Les jurisconsultes romains paraissent avoir été
embarrassés ; il semble en effet difficile de donner
à l'adrogé l'action qui appartiendrait à un héritier, puisqu'il a été émancipé ou exhérédé. Cependant, les jurisconsultes sont arrivés à lui
permettre d'intenter la même action que peut intenter un héritier pour le partage des biens du
défunt, c'est-à-dire l'action *familiæ erciscundæ*;
mais c'est alors une action *familiæ erciscundæ* utile,
ou, en d'autres termes, étendue par raison d'utilité au profit d'une personne qui n'est réellement
pas héritière V. loi 2. § 1 *familiæ erciscundæ*.
Dig.

Ce système de protection dans l'intérêt de l'impubère avait reçu un complétement indispensable, une sorte de sanction. Voici ce qui pouvait
arriver : Titius a adrogé un enfant impubère ;
mais à l'affection a succédé tout à coup la haine
et Titius déteste sans motifs sérieux l'enfant qu'il
a adrogé. Pour diminuer les droits de l'enfant, il
va faire des libéralités, et diminuer ainsi la quarte
Antonine qui ne sera plus pour l'enfant qu'une
garantie illusoire. Devant cette fraude, qui ré-
duirait à néant la quarte, l'adrogé est-il désarmé ?

Non : l'adrogé a, en effet, le droit de faire tomber ces aliénations frauduleuses par l'action Calvisienne utile ou par l'action Favienne utile. V. loi 13. Dig. *Si quid in fraudem pat.* Les actions Calvisienne et Favienne étaient deux actions ouvertes au patron pour sauvegarder et défendre, contre les actes frauduleux de son affranchi, les droits qu'il avait à son hérédité. Or, en notre matière, il y a une certaine analogie de situation en ce qui concerne les rapports de l'adrogeant et de l'adrogé relatifs à la quarte. Aussi, les jurisconsultes romains avaient-ils étendu, par raison d'utilité, les actions Calvisienne et Favienne au cas qui nous occupe.

Toutes ces règles ne reçoivent leur application que pendant l'impuberté de l'enfant : des règles différentes sont applicables à partir de la puberté de l'adrogé.

Celui qui a été adrogé étant impubère, et qui se trouve encore sous la puissance de l'adrogeant au moment où il arrive à la puberté, peut réclamer contre son adrogation.

S'il réclame, il peut forcer l'adrogeant à l'émanciper, et il redevient *sui juris*. V. loi 33. Dig. *De adopt.*

Si, au contraire, il ne réclame pas, le droit commun lui devient applicable ; son silence, à l'époque où il est censé acquérir une maturité d'esprit suffisante pour pouvoir prendre parti sur ses affaires, est considéré comme une déclaration tacite de sa volonté de se soumettre à toutes

les conséquences de sa situation de fils de famille ; il est traité comme s'il avait été pubère au
moment de l'adrogation, et dans le cas où l'a-
drogeant l'émanciperait ou l'exhéréderait, il
ne pourrait exciper d'aucun bénéfice particulier.

J'ajoute cependant, avec la loi 3, § 6. Dig. IV, 4,
que, l'adrogé mineur de vingt-cinq ans pourrait
se faire restituer *in integrum* s'il prouvait qu'il a
été circonvenu dans l'adrogation, *circumventus in
ipsa adrogatione*.

2° Conditions dans l'intérêt de certains tiers.

En partant de l'idée que l'adrogation de l'impubère ne doit pas intervenir dans une pensée de
lucre de la part de l'adrogeant, Antonin le Pieux
a prévu l'hypothèse où l'adrogé mourrait dans la
famille adoptive, avant d'avoir atteint sa puberté. Dans la prévision de cette hypothèse, il a
voulu que l'adrogeant prît l'engagement de rendre ce que l'adrogation lui avait fait acquérir à
ceux qui auraient recueilli les biens de l'adrogé,
si celui-ci était resté *sui juris*. V. loi 18. Dig., *se
restiturum ea quæ ex bonis ejus consecutus fuerit,
illis ad quos res perventura esset, si adrogatus per-
mansisset in suo statu*.

Et d'abord, ces personnes qui auraient recueilli
les biens de l'adrogé, s'il était resté *sui juris*, sont
celles qui auraient été les successeurs *ab intestat*
de l'impubère : sans doute ces personnes ne sau-
raient être des descendants de l'adrogé, puisqu'il
s'agit d'un impubère ; mais ce seraient, par

exemple, ses plus proches agnats. Ces agnats avaient des droits de succession; par l'effet de l'a-drogation, l'agnation primitive est détruite; ils perdent donc avec l'agnation la vocation éventuelle à la succession de l'adrogé : l'adrogeant s'engage à leur en tenir compte. Mais, indépendamment de ces agnats ou autres héritiers *ab intestat*, l'impubère n'aurait-il pu avoir des successeurs testamentaires, s'il était demeuré *sui juris*? A première vue, cela paraît impossible, puisqu'un impubère ne peut pas faire de testament (Inst., § 1, II, 12), et cependant cela se comprend si l'on se rappelle que, par une singularité du droit romain, l'impubère ne pouvant pas faire son testament, son père a pu le faire pour lui. Supposez, en effet, que Titius, l'impubère qui se donne aujourd'hui en adrogation, est devenu *sui juris*, il y a peu de temps, par la mort de son père : son père avait testé, et, en faisant son propre testament, avait fait celui de son fils en puissance, pour le cas où Titius, lui ayant survécu, viendrait à mourir encore impubère : dans ce second testament, il avait institué pour son fils un héritier ou substitué pupillaire, et il avait même grevé l'hérédité de l'impubère de legs et d'affranchissements ; le substitué pupillaire, les légataires et les esclaves gratifiés de la liberté avaient donc un droit éventuel ; ce droit s'évanouit par suite de l'adrogation. Ici encore l'adrogeant s'engage à tenir compte à ces différentes personnes de ce qu'elles auraient eu, à la mort de

Titius, si son adrogation n'était pas intervenue.
V. loi 19 Dig. *de adopt.*

Restait une difficulté. Sans doute, l'adrogeant
doit s'engager à restituer ce qu'il a acquis de
l'adrogé aux héritiers testamentaires ou *ab intestat*
qui auraient recueilli les biens si l'impubère ne
s'était pas fait adroger ; mais comment réali-
ser pratiquement cet engagement ? Envers qui
l'adrogeant s'engagera-t-il par la députation ?
Envers l'adrogé ? Mais on ne peut stipuler
post mortem suam (1). Envers les intéressés
eux-mêmes ? Mais on ne les connaît pas d'une
façon certaine au moment où se fait l'adrogation.
Les successeurs *ab intestat* d'une personne ne
peuvent être déterminés qu'à l'instant de la mort
du *de cujus ;* quant au substitué pupillaire, son
nom peut être inconnu, si le père, a pris la pré-
caution de sceller séparément le testament qu'il a
fait pour son fils, et même fût-il connu, ce substitué pupillaire peut mourir avant l'adrogé, ou
être incapable à la mort de l'adrogé. Qui donc,
en définitive, interrogera l'adrogeant pour en
obtenir une réponse conforme ?

Ce sera un esclave du peuple romain. V. Loi 18.
Dig. *de adopt.* Les jurisconsultes romains ont
tourné la difficulté à l'aide d'un expédient. En
effet il était de principe en droit romain que,
lorsqu'un esclave appartient en commun à plusieurs maîtres, s'il stipule nominativement pour

(1) Inst. § 13. *De inut. stip.*

7

l'un d'eux, ce maître acquiert seul tout le bénéfice de la stipulation. V. § 3. Inst. 8, III, 17. Or
l'esclave public est censé ici avoir pour copro-
priétaires par indivis tous les citoyens romains et
il stipule pour ceux de ses maîtres qui seraient
héritiers testamentaires ou héritiers *ab intestat* à
la mort de l'adrogé. Ces maîtres deviennent par
le ministère du *servus* créanciers de l'adrogeant.

Ce qu'il importe de remarquer, c'est qu'il n'y
a pas là une application pure et simple du principe d'après lequel un esclave indivis acquiert
le bénéfice exclusif de la stipulation au maître
qu'il a spécialement désigné. Pourquoi ? parce
que l'esclave public n'appartient pas réellement
par indivis à tous les citoyens romains ; en réalité,
il n'appartient qu'à un seul maître qui est le
peuple romain envisagé comme *universitas* ou
personne morale ; l'être collectif est parfaitement
distinct des êtres individuels qui le composent.
V. Loi 6, § I*r; Dig. I, 8. Il y a donc, en notre
matière, extension du principe pour raison d'utilité : il en résulte que l'action donnée, en vertu
de la stipulation de l'esclave, aux intéressés,
contre l'adrogeant, ne peut être qu'une action
utile. V. loi 40. Dig. *De vulg. et pup. subst.*

Cette extension est encore plus grande dans le
droit de Justinien que dans le droit classique. Les
Institutes ne mentionnent plus, comme stipulant,
un esclave public, mais une *persona publica*,
c'est-à-dire un tabellion. Ce tabellion est une
sorte de scribe chargé de la tenue de ses regis-

tres publics ; et depuis une constitution des empereurs Arcadius et Honorius (1), il n'y a qu'un
homme libre qui puisse remplir les fonctions de
tabularius.

Du reste, la promesse sur stipulation que faisait l'adrogeant n'était pas une promesse pure et
simple, une *nuda repromissio* ; elle devait être
garantie par des fidéjusseurs, c'est-à-dire par
des personnes solvables qui s'obligeaient acces-
soirement à l'adrogeant. — On avait même admis
dès le temps d'Ulpien, que si on avait négligé
de faire prendre par l'adrogeant l'engagement
de restituer, cet engagement serait sous-entendu.
V. Loi 19. Dig. *De adopt.*

Jusqu'ici nous avons supposé que l'adrogé
mourant impubère mourait avant l'adrogeant ;
qu'arriverait-il si l'adrogé mourait après l'adrogeant mais encore impubère.

Dans ce cas, il y a à combiner les effets de
l'obligation de restituer avec le règlement des
droits à la succession testamentaire ou *ab intestat*
laissée par l'adrogé devenu *sui juris* par la mort
de l'adrogeant.

D'une part, les héritiers de l'adrogeant sont
tenus de l'obligation contractée par leur auteur
de rendre les biens à ceux qui auraient succédé
à l'adrogé, s'il n'y avait pas eu adrogation. Les
bénéficiaires de cette obligation seront ceux qui
auraient été les successeurs *ab intestat* ou le subs-

____

(1) Loi 3, Code, *De tabulariis.*

titué pupillaire institué par le père naturel ; ils viendront non comme héritiers, mais comme créanciers en vertu de la stipulation, prendre les biens que l'adrogé a transmis à l'adrogeant ou qu'il lui a acquis postérieurement.

D'autre part l'adrogé aura pour héritiers dans la famille adoptive ses agnats ou un substitué pupillaire : car la substitution pupillaire est un attribut de la puissance paternelle et à ce titre, après avoir fait son testament le père adrogateur a pu choisir un substitué pupillaire à l'adrogé. Que recueilleront-ils ? L'adrogé peut avoir succédé à l'adrogeant, il doit avoir eu au moins la quarte Antonine ; il peut avoir reçu des libéralités en considération de l'adrogeant ; ces biens ne peuvent être l'objet de la réclamation en vertu de la *cautio* ; ce sont ces biens que viendront recueillir les agnats ou le substitué pupillaire désigné par l'adrogeant, et à la différence de ceux qui viennent en vertu de la stipulation, ils recueilleront comme héritiers (1).

Quelques jurisconsultes avaient douté sur le point de savoir s'il fallait comprendre la quarte Antonine dans la substitution pupillaire émanée de l'adrogeant, parce qu'elle était acquise à l'adrogé, plutôt en vertu de la constitution d'Antonin que par la volonté de l'adrogeant. Scœvola et Ulpien se prononcent pour l'affirmative. Mais si l'adrogeant avait chargé l'adrogé d'un fideicommis, la

_____

(1) V. loi 10, § 6. Dig. *De vulg. et pupill.*

charge de rendre ne vaudrait que pour la partie de la disposition excédant le quart des biens propres de l'adrogeant. V. Loi 22, § 1. Dig. *De adopt.*

Ainsi, tandis que l'adrogeant peut substituer pupillairement quant à la quarte Antonine, il ne pourrait pas faire un fidéicommis quant à cette quarte ; pourquoi cette différence ? parce que la substitution pupillaire intervient dans l'intérêt de l'enfant ; au contraire, le fidéicommis intervient dans un intérêt opposé. En substituant pupillairement, le père de famille règle d'une façon sage et éclairée la dévolution de l'hérédité de l'enfant et prévient la dévolution *ab intestat*, qui est aveugle et subordonnée aux hasards de la naissance ; de plus, il protége la vie de l'enfant contre les embûches possibles d'héritiers *ab intestat* ; tandis qu'en faisant un fidéicommis relativement à la quarte, l'adrogeant fait acte de maître, il grève cette quarte d'une charge de restituer qui porte atteinte aux droits que l'adrogé a sur les biens qui la composent.

En définitive, et en nous plaçant à un autre point de vue, nous pouvons diviser la fortune de l'adrogeant en trois parties et distinguer :

1° Les biens provenant de l'adrogé ;

2° Le quart des biens propres de l'adrogeant, ou portion sur laquelle s'applique la quarte Antonine ;

3° Les trois autres quarts de ses biens propres.

Relativement à ces trois quarts, l'adrogeant

peut en faire ce qu'il voudra ; il peut en disposer au profit même d'un étranger. Au contraire, les biens provenant de l'adrogé doivent être rendus quoi qu'il arrive. Quant aux biens qui forment la quarte Antonine, ces biens sont dans une position intermédiaire; ils peuvent être l'objet d'une substitution pupillaire, mais non d'un fideicommis.

En supposant maintenant que l'adrogé arrive à la puberté, que devient l'obligation de restituer contractée par l'adrogeant envers ceux qui auraient profité des biens sans l'adrogation?

Cette obligation s'évanouit dès que l'adrogé parvient à la puberté. Evidemment il en devait; être ainsi quand il s'agit d'un substitué pupillaire, puisque le droit de ce substitué est subordonné à la circonstance que l'enfant dont le père de famille a fait le testament mourra avant la puberté : mais la règle est la même quand il s'agit de successeurs *ab intestat* : car une fois que l'adrogé arrive à la puberté, nous savons que sauf la faculté pour lui de réclamer contre l'adrogation, tout se passe comme s'il avait été adrogé étant déjà pubère. Aussi les textes disent-ils en termes généraux que l'adrogeant s'engage à restituer les biens à l'adrogé, sous la condition qu'il mourra *intra pubertatem* (1).

Une dernière remarque et j'ai terminé ce rapide exposé de l'adrogation des impubères. Avant

____

(1) V. Inst., § 3, *De adopt*, et loi 20 Dig. *cod. tit.*

Justinien l'adrogeant devenait pleinement propriétaire de tous les biens de l'adrogé ; on conçoit qu'alors il prenne l'engagement de rendre les biens à ceux qui les auraient eus sans l'adrogation : mais dans le droit de Justinien, l'adrogeant, comme le père en général, n'acquiert plus que la jouissance des biens de l'adrogé, non la propriété. Pourquoi donc l'adrogeant prend-il encore sous Justinien l'engagement de restituer à ceux qui seraient venus à la succession de l'adrogé ? Que signifie cet engagement?

Cet engagement signifie deux choses :

1° Que l'adrogeant ne gardera pas la jouissance des biens de l'adrogé défunt : car cette jouissance, d'après les principes généraux sur le pécule adventice devait subsister pendant toute la vie de l'adrogeant, même après la mort de l'adrogé ;

2° Que s'il se trouve appelé à recueillir la succession *ab intestat* de l'adrogé, il ne la gardera point au détriment de ceux qui l'auraient eue sans l'adrogation ; la promesse de restituer équivaut en fait à une espèce de renonciation de succession au profit de ceux qui auraient été héritiers de l'adrogé.

DEUXIÈME PARTIE

DE L'ADOPTION

DEPUIS L'INVASION DES BARBARES
JUSQU'AU CODE CIVIL

Avec le droit romain finit, pour ainsi dire, l'âge d'or de l'adoption. Autant les mœurs politiques, religieuses et sociales étaient favorables dans l'ancienne Rome à cette institution, autant ces mêmes idées y répugnaient dans la société qui se fonda sur le sol de notre pays après l'invasion des Barbares. Aussi, usitée un instant à l'époque franque, l'adoption ne tarda-t-elle pas à s'éclipser et, sauf quelques dispositions exceptionnelles dans les coutumes, elle ne réapparut que dans la législation de l'époque intermédiaire.

Époque franque.

Sous les rois francs de la première race, à l'époque gallo-franque, l'adoption était pratiquée dans deux cas et selon des modes très-différents.

Le premier mode est l'adoption par les armes. C'était une adoption politique et militaire plutôt que civile.

Chez des peuples guerriers où le compagnon -
nage militaire est une institution très-développée
et où l'autorité du chef est énorme, le fils de celui-ci était désigné par la naissance pour être le
chef futur. Le chef qui n'avait pas d'enfants dût
naturellement faire choisir par ses hommes d'armes celui qui, par son courage et son intelligence,
lui paraissait le plus digne de lui succéder, et il
fût conduit par la force des choses à l'adopter
comme son fils, afin qu'il fût comme par la naissance désigné pour être le chef.

Le nom de ce premier mode d'adoption vient
de ce que l'adoptant donnait des armes à l'adopté,
il lui donnait un bouclier, un cheval de bataille,
des framées et autres présents de guerre.

Nous avons à cet égard des exemples curieux.

Cassiodore, chancelier de Théodoric, roi des Os-
trogoths, nous pouve que l'adoption par les armes
était un usage pratiqué chez tous les peuples germains, et il nous fournit des détails sur l'adoption
que Théodoric fit ainsi du roi des Hérules. « *Per
arma fieri posse filium, grande inter gentes constat
esse præconium, quia non est dignus adoptari, nisi
qui fortissimus meretur agnosci ; in sobole frequenter
fallimur... Et ideo, more gentium et constitutione
virili, filium te præsenti munere procreamus, ut
competenter per arma nascaris... Damus quidem tibi
equos, enses, clypeos et reliqua intrumenta bello-
rum* » (1).

_____

(1) Cassiodore, liv. 4, Ep. 2.

Grégoire de Tours se réfère à une adoption de ce genre quand il nous dit que Gontran, roi d'Orléans, adopta son neveu Childebert (1).

Un deuxième mode d'adoption est constaté à plusieurs reprises par les formules du temps.

Ce mode est un mode purement civil. C'était une ressource extrême, mais précieuse pour un vieillard qui, n'ayant pas d'enfants, se sentait incapable de défendre son bien ; au moyen de l'adoption il se donnait un défenseur que son isolement et sa vieillesse lui rendaient nécessaire dans une société où la force primait trop souvent le droit.

Les formules qui y sont relatives diffèrent entre elles dans la forme.

Voici ce que nous lisons dans la formule 13 de Marculphe (2) « *Dum, peccatis meis facientibus, diù orbatus à filiis, et mihi paupertas et infirmitas afficere videntur, te, juxta quod inter nos bonæ pacis placuit atque convenit, in loco filiorum meorum visus sum adoptasse.* » Et nous voyons l'adoptant déclarer qu'il donne présentement à l'adopté l'usufruit de tous ses biens et après sa mort la pleine propriété, à charge par lui de veiller à ses besoins en nourriture, vêtements, *tam in dorso quam in lecto et in calciamento;* il y a même une sorte d'inventaire. Dans la formule 58 de Lindenbrog, il est expliqué de plus que la donation

____

(1) Grégoire de Tours. *Historia Franc.*, V, p. 221.
(2) Marculphe, liv. 2.

sera révoquée si l'adopté ne remplit pas ses obligations.

Viennent deux autres formules, formule 23
de **Sirmond** et formule 59 de Lindenbrog.
Celles-ci sont rédigées d'une manière plus
savante, plus juridique que les deux autres;
elles sont gallo-romaines, tandis que les deux
premières sont franques. On y voit men-
tionné le consentement du père de l'adopté et l'a-
doption se fait devant la Curie de la Cité. « *Mihi
placuit ut illum, una cum consensu patris sui in civi-
tate illà cum curiâ publicâ, de potestate patris naturalis discendentem et in meam potestatem venientem
in loco filiorum adoptassem* (1). » D'après ces formules gallo-romaines, l'adopté ne devient pas
présentement usufruitier des biens de l'adoptant;
il ne devient qu'administrateur et il recueillera à
la mort de l'adoptant, non en vertu d'une donation actuelle, mais comme un fils et *ab intestat*.

Ainsi, dans les formules franques, il y a adoption avec dessaisissement immédiat de l'usufruit
et dessaisissement de la pleine propriété après la
mort. Au contraire, dans les formules gallo-romaines, il n'y a qu'administration dès à présent,
mais pour l'avenir il y a droit d'enfant légitime.

Sous les rois de la deuxième race, l'adoption
n'est plus pratiquée ; on ne trouve aucun texte
qui y soit relatif.

Merlin, dans un réquisitoire, devant la Cham-

______

(1) 23ᵉ formule de la collection de Sirmond.

bre des requêtes, le 24 novembre 1806 (1), parle d'un capitulaire de Dagobert et d'un capitulaire de Charles le Chauve, qui auraient réglé la matière de l'adoption ; de sorte que ce dernier texte indiquerait que l'adoption ne disparut qu'à la fin de la deuxième race.

Cette opinion doit-elle être suivie ? D'abord, quand Merlin parle d'un capitulaire de Dagobert, il ferait mieux de dire : la loi Ripuaire, car le capitulaire auquel il se réfère n'est qu'une nouvelle édition de la loi Ripuaire (2). En outre, dans ces actes législatifs invoqués par Merlin, il s'agit de l'adoption *in heredem* : il y est question de *adoptare in hereditatem* ou *de alium quemlibet heredem sibi facere*. Or, l'adoption *in heredem* ou affatomie n'est pas l'adoption *in filium*. L'adoption *in heredem*, ou affatomie, n'était qu'une institution d'héritier par tout contrat.

Il est vrai qu'on trouve encore une *adoptio per baptismum*. ainsi que nous l'apprend Ducange (3), mais cette adoption par le baptême se réfère à la rélation spirituelle qui existe entre le parrain et son filleul, entre celui qui présente au baptême et celui qui y est présenté ; elle n'a rien de commun avec l'adoption véritable, c'est-à-dire envisagée comme créant des rapports civils fictifs de paternité et de filiation.

Puisque l'adoption n'existe plus sous la deuxième

(1) V. Merlin, Répertoire. *Verbo* Adoption, § 3.
(2) V. Tit. 48. *Lex Rip.* Baluze.
(3) Ducange. Glossaire. V. *adoptare.*

race, à qui faut-il en attribuer la disparition ?
Peut-être faut-il l'attribuer à l'influence de
l'Église. L'Église voyait dans l'adoption une institution rivale du mariage et de nature à détour-
ner de chercher dans le mariage une postérité
légitime.

Epoque féodale.

L'époque féodale ne connut pas l'adoption.
L'adoption contrariait trop les droits éventuels
des seigneurs suzerains aux fiefs tenus par leurs
vassaux pour qu'elle pût s'établir sous le régime
féodal. Voilà pourquoi nous voyons, dans *les
libri feudorum*, que le fils adoptif ne succédait pas
aux fiefs. *Adoptivus filius in feudum non succedit* (1).
Et la loi que chaque vassal recevait à cet égard
de son suzerain, il la donnait lui-même à ses
vassaux et à ses censitaires, et l'adoption, ne pouvant avoir aucun effet utile, resta dans l'oubli où
elle était tombée.

Je sais bien qu'on trouve l'expression *adoptare
in militem*, mais cette expression se réfère à
l'acte par lequel on se crée un vassal. Le nom
de l'adoption demeure, non la chose.

Epoque monarchique.

Sans doute, quand la renaissance juridique du

(1) *Libri feud.*, liv. 2, tit. 26, n° 4.

xiie siècle se fut produite, quand les esprits se portèrent avec ardeur vers l'étude du droit romain, il eût été possible à l'adoption de reparaître ; mais nos anciens auteurs y répugnaient parce qu'ils pensaient que l'ordre régulier des successions ne doit pas être troublé par le fait de l'homme ; la nature seule, le sang, fait des héritiers. *Deus solus heredes facit, non homo.* Puisque l'homme ne peut, par sa seule volonté, se faire un héritier, à plus forte raison ne doit-il pas pouvoir se constituer un fils.

Au xve siècle, Masuer rappelle l'adoption ; c'est pour nous dire qu'elle n'est plus en usage, ou, du moins, qu'elle ne produit aucun effet (1).

Au xvie siècle, Dumoulin, dans son Commentaire de l'ancienne coutume de Paris, en parle comme d'un droit particulier aux Romains. *Adoptio peculiare jus est Romanorum* (2). Plus loin, il dit : *Non utimur hujusmodi cognatione legali* (3).

C'est ce qui explique pourquoi les coutumes rédigées sont en général muettes au sujet de l'adoption. Quelques-uns même ne la mentionnent que pour l'écarter et la prohiber : ainsi la coutume du bailliage de Lille dit : Adoption n'a lieu (4) ; ainsi la coutume d'Audenarde. Rub. 20, art. 3.

Toutefois, on peut signaler, dans le droit coutumier, certaines combinaisons qui produisent un

(1) V. Masuer. *Practica forensis*, tit. 16, n° 38.
(2) V. Dumoulin. Sur la cout. ref., tit. 1, § 2. G. 2, n° 10.
(3) *Ibid.* § 16, G. 1.
(4) Cout. de Lille, tit. 16, art. 4.

ou plusieurs effets de l'adoption, et qui présentent une analogie plus ou moins grande avec l'institution qui nous occupe.

Et d'abord la coutume de Saint-Amand permettait de faire les enfants de premières noces de deux individus veufs et remariés semblables en droit héréditaire. « Il est que par style anciennement usité en effet de contrat, on fait à ladite ville et terre affrésissement par devant lesdits prévôts et quatre échevins pour le moins ; de sorte que l'on fait les enfants de premières noces semblables aux enfants qui procèdent dudit second mariage, pour également partir aux biens de leur père et mère, de quelque côté qu'ils soient procédés ; et sur l'affirmation que font les plus proches parents paternels et maternels des dits enfants de premières noces, qu'audit affrérissement le bien desdits enfants est très-bien gardé. » Ce qu'il y a de remarquable c'est cette intervention des magistrats locaux. Cette espèce d'association de droits héréditaires dispensait chacun des époux de rendre des comptes aux enfants du premier lit, puisqu'il n'y avait plus qu'une communauté.

Dans une vue analogue, la coutume de Saint-Jean-d'Angely permettait ce qu'elle appelait l'affiliation, expression dont on peut rapprocher un passage de l'Epitome de Gaius, où on lit : « *Adoptivis, id est affiliatis* (1) ». L'affiliation était

______

(1) *Epitome Gaii*, tit. IV.

une sorte d'association limitée dont l'effet était de concéder à l'affilié le droit de succéder, avec les enfants du sang de l'affiliant, aux meubles et aux acquêts de l'affiliant ; pour les propres, l'affilié ne succédait pas. V. Art 1.

Quelquefois encore, dans les familles nobles, une personne sans enfants pouvait donner ses biens à un étranger par contrat ou par testament, à la condition qu'il porterait le nom et les armes du disposant. Cette combinaison, par laquelle on arrivait à faire passer non-seulement ses biens mais encore son nom et ses titres, à une personne de son choix, s'appelait l'adoption pour le port du nom et des armes.

Enfin une apparence plus vive, mais non moins imparfaite de l'adoption se trouvait dans les lois particulières à deux établissements de charité de la ville de Lyon, l'Hôtel-Dieu et la Charité. Les recteurs de l'Hôtel-Dieu adoptaient les orphelins qui leur étaient présentés par les plus proches parents jusqu'à l'âge de 7 ans et les recteurs de la Charité, depuis 7 ans jusqu'à 14 ans. Ces hôpitaux avaient été maintenus dans ce droit par lettres patentes de 1560, 1643 et 1672, confirmées par nouvelles lettres patentes de septembre 1729, homologuées le 7 septembre 1731.

Les recteurs de l'Hôtel-Dieu et de la Charité, en qualité de pères adoptifs des orphelins avaient soins de leurs biens et de leur éducation. Les orphelins adoptés ne pouvaient prendre parti en religion ni contracter mariage sans le consentement des recteurs. S'ils venaient à mourir avant l'âge de la majorité, l'hôpital leur succédait en tout ou en partie.

Cette espèce d'adoption finissait à la majorité des orphelins.

Sous la réserve de ces observations, on peut donc dire, avec nos anciens jurisconsultes, que l'adoption n'était pas admise en France, et il en était ainsi dans les pays de droit civil comme dans les pays coutumiers (1).

Epoque intermédiaire.

C'est dans la législation intermédiaire que le principe de l'adoption, comme acte produisant des rapports fictifs de paternité et de filiation reparut véritablement après un intervalle de 10 siècles.

Le 18 janvier 1792, l'Assemblée nationale décréta que son comité de législation comprendrait dans son plan général des lois civiles celles relatives à l'adoption.

Bientôt d'autres actes législatifs mentionnèrent l'adoption comme une institution existante. La Constitution du 24 juin 1793, art. 4, déclare que tout homme qui.... adopte un enfant est admis à l'exercice des droits de citoyen français. Un décret du 15 frimaire an III assure à l'adopté un droit sur la succession de l'adoptant. La loi du

(1) Nouveau Denizart. V. Adoption.

22 frimaire an VII sur l'enregistrement, art. 68 § I n° 9, soumet les adoptions au droit fixe d'un franc, et l'arrêté du 19 floréal an VIII, art. 10, relate les actes d'adoption dont le modèle est au *Bulletin* n° 184.

En fait, l'adoption fut pratiquée. L'Etat donna lui-même l'exemple en adoptant la fille de Lepelletier Saint-Fargeau, et un certain nombre de particuliers l'imitèrent.

Quel fut le droit applicable à ces adoptions accomplies dans l'époque intermédiaire ?

La loi du 18 janvier 1792, en décrétant le principe de l'adoption n'en avait terminé ni les conditions, ni les formes, ni les effets. Or quand le code eut été voté, on ne pouvait pas sans rétroactivité appliquer aux adoptions de l'époque intermédiaire les dispositions du Code civil édictées postérieurement à l'accomplissement de ces actes. Il en résulta qu'on fit une loi spéciale pour régler le sort de ces adoptions. Tel fut l'objet de la loi de 25 germinal an XI.

Quant aux conditions et aux formes, cette loi se contenta de l'authenticité de l'acte pour toutes les adoptions faites depuis le 8 janvier 1792 jusqu'à la publication des dispositions du code civil relatives à l'adoption. (Art. 1er).

Quand aux effets des adoptions accomplies dans cet intervalle elle autorisa celui qui avait été adopté en état de minorité à renoncer à l'adoption dans un délai de trois mois, soit à partir de la publication de la loi, soit à partir de sa majorité, si cette majorité était survenue depuis la publication. (Art. 2.) Elle déclara que l'adopté jouirait de tous les droits accordés par le Code civil, sauf pourtant l'hypothèse où les droits de l'adopté auraient été réglés par acte authentique ou par jugement passé en force de chose jugée ; mais, dans cette hypothèse, elle accorda à l'adoptant un délai de six mois pour faire réduire l'adopté au tiers de ces droits, en déclarant sa volonté devant le juge de paix.

TROISIÈME PARTIE

DE L'ADOPTION

DANS LE CODE NAPOLÉON

> Il y a parmi les hommes un moyen de plus
> de faire le bien.
>
> NICIAS GAILLARD.

TRAVAUX PRÉPARATOIRES

Admise par Cambacérès dans les divers projet de code civil qu'il avait successivement présentés à la ratification des précédentes assemblées, l'adoption ne figurait pas au contraire dans le dernier projet de ce code, rédigé par Tronchet, Bigot-Préameneu, Portalis et Maleville.

Mais quelques cours réclamèrent contre cette omission, et la Cour de cassation, notamment, présenta une observation dans laquelle elle disait : « Tout ce qui tend à établir de nouveaux liens entre les hommes, tout ce qui tend à multiplier les relations qui les rapprochent et les affections qui les unissent, est une source de bons sentiments et de bonnes actions : telle est l'adoption, formant une parenté légale, un principe de bienfaisance, étant propre à inspirer aux êtres les plus délaissés de la société l'espérance d'acquérir un état qui leur manque et par cette espérance, le désir de s'en rendre dignes (1) »

Cette observation, la section de législation du Conseil d'Etat la prit en considération, et après avoir commis le conseiller Berlier pour faire un projet, renvoya au Conseil d'Etat l'examen de la question de savoir s'il fallait admettre l'adoption.

Le Conseil d'Etat se divisa.

Quelques conseillers, Tronchet et Bigot-Préameneu, parmi eux (2), s'élevèrent contre l'adoption et la repoussèrent d'une manière absolue comme inutile et dangereuse ; inutile, parce que les lois offraient à la bienfaisance d'autres moyens de s'exercer ; dangereuse, parce qu'elle fournissait un aliment aux vanités du régime nobiliaire et favorisait le célibat, en accordant les avantages de la paternité à qui n'en avait pas eu les charges.

On répondit que l'adoption n'était pas inutile puisqu'elle permet de venir au secours d'un en-

(1) V. Fenet, t. II, p. 505.
(2) Fenet, tome 10, p. 255, 308 et 367.

fant malheureux et sert à se préparer pour la vieillesse un appui, un aide et des consolations plus sûres que de la part des collatéraux (1). On soutint qu'elle n'était pas dangereuse, puisque c'est dans les républiques surtout qu'elle a été en usage ; que ce ne sont pas les mariages qui augmentent la population, mais l'abondance et la multiplicité des moyens de subsister, le progrès ou la diminution du travail (2). On ajouta d'ailleurs qu'on soumettrait l'adoption à des conditions qui préviendraient tous fâcheux résultats et qu'en la restreignant dans de certaines limites, on arriverait à sauvegarder les exigences de l'humanité avec les intérêts publics et

Ces arguments formèrent la conviction de la majorité du Conseil d'Etat qui se prononça en faveur de l'adoption.

Toutefois certains conseillers ne voulaient l'adoption que comme une institution politique, destinée à perpétuer des familles illustres : c'était l'opinion de Maleville (3).

Ce point de vue fut combattu au nom de l'idée qu'on ne pouvait laisser, même aux hommes illustres, un privilége en matière de famille. « Ceux qui ont rendu des services à l'Etat s'honorent, » disait M. Berlier, «quand pour l'exercice des actes privées, ils rentrent dans la ligue commune.

(1) Paroles du Premier Consul, v. Fenet, tome 10, p. 371.
(2) V. Fenet, t. 10, p. 269 et 317.
(3) V. Fenet, t. 10, p. 255.

des citoyens, et les droits de famille ne doivent pas être pour eux autres qu'ils ne sont pour les autres membres de la cité (1). » Et Portalis continuait : « Comme mesure politique, l'adoption est impossible. D'après quelles bases serait-elle organisée ? Elle serait accordée, dit-on, comme récompense de services rendus et comme encouragement pour les services à rendre ; mais ignore-t-on combien la prétention d'avoir rendu des services ou d'être capable d'en rendre est commune ? Avoir égard à de telles prétentions, ce serait s'engager dans des débats infinis. Cette seule considération suffit pour rejeter l'adoption comme mesure politique (2). »

On décida que l'adoption serait admise et admise en qualité de règle de droit commun.

Restait une dernière difficulté. L'adoption étant admise en qualité de règle de droit commun, quel caractère devait-on lui donner ?

Le Premier Consul ne comprenait l'adoption que comme rompant les liens entre la famille naturelle et l'enfant adopté, comme établissant des rapports exclusifs entre l'adopté et l'adoptant. Avec sa merveilleuse intuition législative il voulait faire de l'adoption une sorte de sacrement civil. C'était ressusciter le principe romain, en y ajoutant un caractère divin.

« L'adoption, disait le premier Consul, n'est ni

______

(1) V. Fenet, t. 10, p. 278.
(2) Fenet, t. 10, p. 263.

un contrat civil, ni un acte judiciaire. Qu'est-ce
donc? une imitation par laquelle la société veut
singer la nature: c'est une espèce de nouveau
sacrement, car je ne trouve pas dans la langue
de mot qui puisse bien définir cet acte. Le fils des
os et du sang passe par la volonté de la société,
dans les os et le sang d'un autre..... C'est le plus
grand acte qu'on puisse imaginer; il donne des
sentiments de fils à celui qui ne les avait pas et
réciproquement..... Le législateur, comme un
pontife, donnera le caractère sacré. »

Dans ce système, on aurait pris l'adopté dès le
jeune âge. « Les hommes, continuait le premier
Consul, n'ont que les sentiments qu'on leur incul-
que.... Seulement il faut frapper fortement leur
imagination. Ce n'est pas pour cinq sous par jour,
pour une chétive distinction qu'on se fait tuer;
c'est en parlant à l'âme qu'on électrise l'homme. »
Et Bonaparte, à l'appui de son opinion, citait
l'exemple des Mamelucks. « Un esclave admis
parmi les Mamelucks a pour son patron les mêmes
sentiments qu'un fils. » (Séance du 14 frimaire
an X) (1).

Mais la discussion du titre de l'adoption ayant
été interrompue, les idées du premier Consul se
modifièrent; elles perdirent de leur solennité, et
quand l'examen du projet fût repris en brumaire
an XI, Bonaparte, « étant pour ainsi dire redes-

______

(1) V. Thibaudeau. Mémoires sur le Consulat. — Fenet, tome 10,
p. 288 et 289.

cendu sur la terre » (1) abandonna le système d'une mutation absolue de famille comme en opposition trop directe avec nos mœurs et avec la nature.

En définitive, les rédacteurs du Code s'attachèrent à la considération de bienfaisance qu'avait présentée le Tribunal de cassation, et se proposèrent de réserver à ceux qui n'avaient pas d'enfants un moyen d'adoucir leurs regrets par une ombre affaiblie de la paternité. Ils envisagèrent l'adoption comme une institution de charité envers l'adopté, et de consolation pour l'adoptant, destinée à indiquer le bien et à le faciliter. Ce sont là les principes fondamentaux qui ont passé dans le Code Napoléon, notamment dans les art. 348, premier alinéa et 350.

On voit comment les rédacteurs qui répudiaient la maxime romaine : *Adoptio imitatur naturam*; et qui étaient privés de tous précédents dans notre ancien droit furent amenés à consulter en notre matière la législation prussienne. Voici ce que contient à cet égard l'exposé des motifs. « L'adoption a trouvé place et faveur dans le Code Prussien…. Si, dans ce Code, l'organisation de l'idée principale est susceptible d'améliorations, du moins le vrai point de départ y est fixé et nous l'avons suivi ou plutôt nous nous sommes rencontrés dans la même voie, après avoir examiné beaucoup d'autres systèmes (2).

(1) Discours de rentrée de Nicias Gaillard, nov. 1855. *Droit* du 5-6 nov. 1855.
(2) Fenet, t. 10, p. 422.

Ceci dit sur les travaux préparatoires, j'aborde les textes du Code Napoléon.

CODE NAPOLÉON.

L'adoption, d'après le Code, est un contrat solennel qui établit entre l'adoptant et l'adopté des rapports civils analogues à ceux qui résultent de la paternité et de la filiation légitimes.

L'adoption peut se diviser en adoption de droit commun et en adoption privilégiée. L'adoption privilégiée est, à certains points de vue, disposée des conditions et même des formes auxquelles est assujettie l'adoption de droit commun.

J'examinerai successivement dans deux chapitres ces deux espèces d'adoption.

CHAPITRE 1.

DE L'ADOPTION DE DROIT COMMUN.

J'étudierai :

1° Les conditions de cette adoption ;

2° Ses formes ;

3° Ses effets.

Je consacrerai un appendice à rechercher la sanction des dispositions du Code relatives aux conditions et aux formes de l'adoption.

Il est facile de voir que je ne suis pas l'ordre du Code. L'adoption comprend les articles 343 à

360 qui forment le chapitre 1er, titre 8, intitulé :
de l'Adoption et de la Tutelle officieuse. Ce chapitre 1er se divise en deux sections : dans la première section, il traite de l'adoption et de ses
effets ; dans la deuxième, il traite des formes de
l'adoption ; mais je préfère m'écarter de cet ordre
didactique pour faire concorder mon cadre en
droit français avec celui que j'ai choisi en droit
romain.

CHAPITRE II.

DES CONDITIONS DE L'ADOPTION.

Il est constant que l'adoption est permise aux
personnes de l'un et de l'autre sexe ; l'art. 343 le
dit expressément. Ainsi les femmes ne sont plus
chez nous, comme elle l'étaient à Rome, frappées
de l'incapacité d'adopter.

Il est également certain que l'adoption est permise aux personnes mariées et aux célibataires.
La question avait été soulevée relativement aux
célibataires dans la discussion du Conseil d'Etat ;
c'était le premier Consul qui présidait : « Il s'agit
maintenant, dit-il, de savoir si l'adoption sera
permise aux célibataires. Qui veut parler pour
les célibataires ? A vous, citoyen Cambacérès.
Cambacérès : « Je vous remercie (rires) (1). »
C'est que Cambacérès était un vieux garçon et

(1) Mémoires de Thibaudeau, p. 417. Fenet, p. 265.

que le premier Consul, quoique plein d'estime pour lui, ne manquait jamais de le plaisanter. Cambacérès piqué parla pour les célibataires. La question fut reprise par le Tribunat et le Tribunat proposa un amendement qui refusait formellement l'adoption aux célibataires (1), mais cet amendement fut rejeté par des raisons que développe l'exposé des motifs et notamment par celle-ci : Parce qu'un homme a été inutile jusqu'à présent, et quelquefois sans sa faute, doit-on le condamner à l'être toujours (2)? Le rejet de cet amendement tranche donc la question.

Tout le monde enfin admet que l'adoption s'exerce à l'égard des personnes mariées ou non, et que la conformité de sexe entre l'adoptant et l'adopté n'est pas non plus requise. Quelques-uns des projets, à la vérité, portaient : « Nul ne pourra adopter que des individus de son sexe, à moins que l'adoption ne soit faite par des époux ou que l'adopté ne soit neveu ou nièce, petit-neveu ou petite-nièce de l'adoptant » (3). Mais ces projets ont été repoussés; les épreuves auxquelles l'adoption est soumise ont paru offrir de suffisantes garanties.

Nous n'exigerons donc ni que l'adoptant et l'adopté soient mariés plutôt que célibataires, ni qu'ils soient d'un sexe plutôt que d'un autre;

(1) V. Fenet, p. 403.
(2) Fenet, t. 10, p. 424.
(3) Fenet, t. 10, p. 329 et 359.

mais alors quelles sont les conditions à exiger pour que l'adoption soit possible ?

Certaines conditions sont incontestables ; d'autres sont fortement controversées.

Sont incontestables les dix conditions suivantes :

1° Il faut que l'adoptant ait plus de 50 ans ;

2° Il faut qu'il n'ait ni enfants ni descendants légitimes ;

3° Il faut qu'il ait quinze ans de plus que l'adopté ;

4° Il faut que la personne qu'on se propose d'adopter n'ait pas été adoptée par un autre, ou du moins ne soit pas adoptée par un autre que le conjoint de l'adoptant.

5° Il faut que le conjoint consente au moins à l'adoption, s'il n'adopte pas ;

6° Il faut qu'il existe entre l'adoptant et l'adopté des rapports de bienfaisance depuis six ans ;

7° Il faut que l'adopté soit majeur ;

8° Si l'adopté a moins de 25 ans, il faut qu'il obtienne le consentement de son père et de sa mère. S'il a plus de 25 ans, il suffit qu'il requière leur conseil ;

9° Il faut que l'adoptant jouisse d'une bonne réputation ;

10° Il faut qu'il y ait consentement dans les règles établies par la loi.

Première condition. Il faut que l'adoptant ait plus de cinquante ans. Art. 343.

Le législateur a voulu ainsi protéger l'institution du mariage qui est la base fondamentale de la famille. Que celui qui désire se procurer les jouissances de la paternité commence par les chercher dans les voies naturelles du mariage. C'est seulement à l'âge de cinquante ans, époque déjà avancée de la vie, qu'on l'admettra à user du bénéfice de l'adoption. A cet âge ou il s'agit d'un adoptant marié, ou il s'agit d'un adoptant célibataire? S'il s'agit d'un adoptant marié, il y a peu à supposer que son mariage, stérile jusque-là, cesse de l'être ; s'il s'agit d'un adoptant célibataire, il est bien rare qu'après cinquante ans le célibataire songe au mariage. Le législateur peut donc, sans danger pour l'intérêt social, permettre l'adoption aux personnes âgées de cinquante ans (1).

Le Code prussien reconnaît au chef de l'État la faculté d'accorder des dispenses d'âge à ceux qui, pour cause d'infirmités physiques, ne peuvent pas espérer avoir d'enfants.

Notre Code ne renferme aucune disposition de ce genre ; nous ne suppléerons pas à son silence et nous voyons par l'exposé des motifs qu'on a craint qu'une disposition analogue à celle du Code prussien ne donnât ouverture à des applications abusives (2).

Deuxième condition. Il faut que l'adoptant n'ait ni enfants, ni descendants légitimes. Art. 343.

Un des motifs essentiels de l'adoption ne se ren-

(1) V. Exp. des motifs. Fenet, t. 10, p. 424.
(2) V. Fenet, t. 10, p. 426.

contre pas chez la personne qui a un enfant légitime ; mais à quel moment convient-il de se placer pour savoir si l'adoptant a un enfant légitime ? A l'époque de l'adoption, dit l'art. 343.

Il s'ensuit que la survenance d'un enfant légitime, postérieurement à l'adoption, n'annulerait pas ce contrat.

Au contraire, il suffirait que l'enfant légitime de l'adoptant fût conçu à l'époque de l'adoption pour que celle-ci dût être déclarée nulle.

On a cependant soutenu l'opinion opposée. On a fait valoir l'incertitude fâcheuse qui va peser sur l'adoption jusqu'à ce que l'enfant soit né viable, et la faveur que mérite la bonne foi de l'adoptant qui a probablement ignoré la grossesse de sa femme.

Mais ces arguments, vrais en eux-mêmes, doivent-ils nous faire oublier le grand principe proclamé par la loi 7, Dig. *de statu hominum*, et d'après lequel l'enfant conçu est considéré comme né toutes les fois qu'il s'agit de ses intérêts. Or, l'intérêt de l'enfant est que l'adoption ne produise pas son effet et ne restreigne pas les droits qu'il a à la succcession dès l'instant de sa conception. Art. 725, 1° Dans ce cas, l'adoption ne sera pas révoquée pour survenance d'enfant, ce qui est impossible ; mais elle sera déclarée nulle comme n'ayant pas été formée valablement dès le début.

Si l'enfant légitime était absent soit présumé, soit déclaré, l'adoption deviendrait-elle possible ?

Je ne le crois point, par un motif tiré du droit commun. De droit commun, pour réclamer un droit, il faut prouver qu'on remplit les conditions voulues par la loi. Art. 1315. Or, c'est à l'adoptant à prouver qu'il n'a pas d'enfant légitime ou que l'enfant légitime qu'il a eu est mort. Tant que cette preuve n'est pas faite, il ne peut adopter et l'absence déclarée, même après l'envoi définitif, ne remplace pas la preuve du décès, puisque le conjoint présent ne pourrait pas se remarier. Art. 139.

En supposant un enfant légitimé, nous savons que cet enfant a les mêmes droits que l'enfant légitime, mais seulement à partir de la célébration du mariage subséquent de ses père et mère. Art. 333. L'adoption que son père ou sa mère auraient faite avant ce mariage, quoique postérieurement à la conception de l'enfant légitimé, n'en demeurerait donc pas moins valable.

Après avoir parlé de l'enfant légitime et de l'enfant légitimé, reste à parler des enfants naturels reconnus ou adoptifs qui existeraient à l'époque de l'adoption.

Quant aux enfants naturels, le mot « légitime » inséré dans l'art. 343, nous fait voir que le législateur ne tient pas compte de ces enfants pour empêcher l'adoption, et cette décision est conforme à l'esprit général du Code, qui traite les enfants naturels moins bien que les légitimes. Art. 757, par exemple. Ainsi un enfant naturel, voulant se prévaloir de son existence à fin de faire annuler une adoption, devrait être repoussé par les tribunaux dans sa prétention (1).

De même la circonstance que la personne qui se propose d'adopter a déjà adopté, n'est pas un obstacle à une nouvelle adoption. Cette solution a été formellement admise dans les travaux préparatoires (2) et elle est implicitement contenue dans l'art. 348, qui prohibe le mariage entre les enfants adoptifs d'un même individu.

Troisième condition. Il faut que l'adoptant ait quinze ans de plus que l'adopté. Art. 343.

On peut donner de cette disposition un double motif. D'abord c'est un vestige du principe, admis à l'origine et abandonné plus tard, que l'adoption est une imitation de la nature. De plus, comme l'adoption donne un guide à l'adopté, il est bon qu'une certaine différence d'âge assure l'influence de l'un sur l'autre. « La protection légale, qui doit résulter de l'adoption, perdrait toute sa dignité sans cette condition » (3).

Quatrième condition. Il faut que la personne qu'on se propose d'adopter n'ait pas été adoptée par un autre ou du moins n'ait pas été adopté par un autre que le conjoint de l'adoptant. Art. 344.

Quoique l'adoption ne soit qu'une image très-imparfaite de la nature, il eût été trop choquant néanmoins de donner deux pères ou deux mères adoptifs à la même personne, et si nous suppo-

_____

(1) Arrêt de rejet. 12 juin 1861.
(2) Fenet, p. 405.
(3) Exp. des mot. Fenet, p. 427.

sons deux adoptants de sexe différent, il eût été
à craindre qu'un père et une mère naturels ne
cherchassent dans l'adoption un moyen facile de se
soustraire à la nécessité d'un mariage subséquent
à l'effet de légitimer leur enfant.

Au contraire, deux époux peuvent parfaitement
adopter la même personne, la fiction s'accorde
alors avec la nature et il n'y a aucun danger à
redouter en permettant aux époux, associés dans
l'espoir d'avoir des enfants et déçus dans cette
espérance, de se procurer par l'adoption un
même adoucissement à une peine commune.

Cinquième condition. Il faut que le conjoint consente au moins à l'adoption, s'il n'adopte pas.
Art. 344. 2ᵉ alin.

L'adoption ne doit pas devenir dans le ménage
une cause de désunion et de discorde. Non-seulement l'adoption faite par l'un des conjoints
blesse l'autre dans ses intérêts pécuniaires et
dans ses droits éventuels de succession (Art. 349,
350 et 767, C. Civ.), mais encore à un point de
vie plus intime, elle peut soulever des susceptibilités et des jalousies telles que la bonne harmonie ne serait plus désormais réalisable entre les
époux. Aussi le consentement du conjoint de
l'adoptant est-il indispensable, et n'est-il pas susceptible d'être suppléé par aucune autorisation
de justice.

Ce consentement serait-il encore nécessaire
dans le cas où les époux seraient séparés de
corps ?

Il semblerait, au premier abord, que non, puisqu'on n'a plus à craindre de désunir des époux déjà séparés, et de troubler, par une cause de discorde, une intimité de vie qui n'existe plus (Art. 108).

Cependant, l'art. 344 est absolu dans ses termes ; il ne distingue pas, et là où la loi ne distingue pas, nous ne pouvons introduire une distinction. D'ailleurs la séparation de corps ne dissout pas le mariage ; elle en relâche simplement le lien, et l'adoption serait quelquefois une entrave à la réconciliation toujours désirable des époux.

Sixième condition. Il faut que des rapports de bienfaisance existent depuis six ans au moins entre l'adoptant et l'adopté.

Le législateur a voulu ainsi établir une sorte de noviciat et faire précéder l'adoption d'un certain temps d'épreuve, afin que les parties aient le temps de s'apprécier et de se lier par l'affection et la reconnaissance, avant de se lier par un lien juridique indissoluble.

Septième condition. Il faut que l'adopté soit majeur. Art. 346.

Par l'adoption, l'adopté dispose irrévocablement de sa personne et de son état ; or, un acte de cette importance exige, chez celui qui l'accomplit, une maturité d'esprit que n'a pas le mineur. Il est vrai qu'on permet au mineur de contracter par le mariage (Art. 144) un engagement aussi sérieux et aussi irrévocable, du moins depuis la loi de 1816, que celui qui résulte de l'adoption, mais l'adoption n'étant pas comme le mariage, une institution nécessaire et fondamentale, il n'y avait pas lieu de faire une exception en sa faveur.

Huitième condition. Si l'adopté a moins de vingt-cinq ans, il faut qu'il obtienne le consentement de son père et de sa mère ; s'il a plus de vingt-cinq ans, il suffit qu'il requière leur conseil. Art. 346.

Cette condition est à la fois une restriction apportée aux conséquences de la majorité (Art 448), et un hommage rendu par la loi au principe de la déférence respectueuse que doivent les enfants à leur père et mère, à tout âge et dans toutes les circonstances de la vie (Art. 371 C. Civ.)

Il y a, au premier aspect, analogie entre la position de l'enfant, au point de vue du consentement en matière de mariage, et la position de l'enfant au même point de vue en matière d'adoption ; mais il importe de ne pas confondre ces deux situations, et de remarquer quatre différences entre elles.

Première différence. En matière de mariage, au delà de vingt-un ans, la fille peut se passer d'obtenir le consentement de ses père et mère (148). Ici, au contraire, la fille majeure de vingt-un ans, mineure de vingt-cinq ans, ne peut s'en passer.

Deuxième différence. En matière de mariage, en cas de dissentiment, le consentement du père suffit. Ici, il faut le consentement du père et de la mère cumulativement : le texte de l'art. 347 est absolu.

Troisième différence. Au point de vue du mariage, si l'enfant a perdu ses père et mère, les ascendants doivent être consultés (Art. 148). Ici, on ne parle que du consentement des père et mère, et nullement de celui des ascendants.

Quatrième différence. Enfin, pour le mariage, il faut tantôt la notification de trois actes respectueux, tantôt la signification d'un seul (Art. 151, 154). Ici il suffira toujours d'un seul acte respectueux.

Sous les deux premiers rapports, la loi s'est montrée plus favorable pour le mariage que pour l'adoption; mais pour les deux derniers c'est l'inverse.

Neuvième condition. Il faut que l'adoptant ait une bonne réputation. (Art. 355.)

L'adoption est, pour l'adoptant et pour l'adopté, un bienfait de la loi. L'adoptant ne doit donc pas s'en être rendu indigne, et il convient, en outre, de veiller à ce que l'adoption ne dégénère pas pour l'adopté en malheur, et ne devienne pour lui une occasion d'immoralité.

Dixième condition. Il faut qu'il y ait consentement dans les règles établies par la loi. (Art. 1108, comb. avec l'art. 353.

Telles sont les conditions textuellement exigées soit de la part de l'adoptant, soit de la part de l'adopté, et sur lesquelles ne peut s'élever aucune difficulté ; mais il y a controverse sur le point de savoir s'il ne faut pas ajouter d'autres conditions à celles que nous venons d'examiner : la doctrine s'est complétement divisée à cet égard et la jurisprudence a varié dans ses décisions.

Ainsi l'art. 1108 exige, entre autres éléments, 1° le consentement ; 2° la capacité ; comme nécessaires à la validité d'un contrat. En matière d'adoption, exigerons-nous la capacité ? comment apprécierons-nous cette capacité ?

Sans difficulté, nous exigerons la capacité résultant de la majorité (Art. 343 et 346), mais un majeur peut être interdit ; dirons-nous que l'interdit ne peut ni adopter, ni être adopté ?

Cela se rattache à la théorie générale de l'art. 502. En restreignant 502 aux actes faits par l'interdit, faut-il entendre cet article d'une manière absolue, de sorte qu'un acte quelconque, fait par l'interdit, sera nul de droit ou faut-il distinguer entre les actes ?

Dans une première opinion, on dit : l'art. 502 s'applique, et l'acte fait par l'interdit est nul de droit, si cet acte était un acte qui pouvait être fait au nom de l'interdit par le tuteur ; au contraire, si l'acte était de telle nature qu'il ne pouvait être fait par le tuteur, l'art. 502 ne s'applique plus ; et cet acte, fait par l'interdit, sera valable, pourvu que celui-ci fût dans un intervalle lucide (1° de 1108).

On arrive ainsi à décider que l'interdit peut se marier, faire une reconnaissance d'enfant naturel (ce que nous admettrons également, mais pour d'autres motifs), faire un contrat d'adoption, soit comme adoptant, soit comme adopté, faire un testament; faire une donation entre-vifs; révoquer la donation faite pendant le mariage à son conjoint, etc., etc., parce que ces actes sont des actes essentiellement personnels; le tuteur ne peut les faire pour l'interdit; ils ne rentrent pas dans l'art. 502 ; l'interdit peut les faire, à condition qu'il ait eu, au moment, un intervalle lucide.

Malgré l'autorité de ses partisans, je crois qu'il faut rejeter dans ses deux branches cette première doctrine, non conforme aux textes et à l'esprit de la loi. J'admets en principe que l'article 502 s'applique à tous les actes sans distinguer les actes pour lesquels l'interdit peut être représenté et les actes non susceptibles d'être exercés par délégation. Je ne fais de réserves que pour le mariage et la reconnaissance d'un enfant naturel, d'accord sur ces deux points avec la jurisprudence (1). Donc l'interdit ne peut ni adopter ni être adopté.

Parmi les incapables de l'article 1124, il y a encore la classe des femmes mariées (art. 217). La femme mariée est-elle, comme femme mariée, incapable de faire un contrat d'adoption?

S'agit-il pour elle de prendre la qualité de fille adoptive? elle ne peut se donner en adoption sans le consentement de son mari : car l'adoption

(1) Trib. Seine, 1er mars 1867.

est un contrat, mais si le mari ne consent pas, elle pourra, selon le droit commun, (art. 218) s'adresser à la justice.

S'agit-il pour elle d'adopter? elle ne peut adopter sans le consentement de son mari ; car le mari lui-même ne pourrait adopter sans le consentement de sa femme, aux termes de l'article 344, 2e alinéa.

La personne pourvue d'un conseil judiciaire, soit pour faiblesse d'esprit, soit pour prodigalité, peut-elle adopter ou être adoptée?

Le principe est que cette personne n'est incapable que des actes qui sont implicitement ou explicitement contenus dans les articles 499 et 513; or le contrat d'adoption n'est pas un de ces actes; nous dirons donc qu'elle peut faire valablement un contrat d'odoption.

L'étranger peut-il, dans notre droit, adopter ou être adopté? Je ne parle ni des étrangers pour lesquels il existe un traité diplomatique (art. 11) ni de ceux qui sont autorisés à établir leur domicile en France (art. 13), je ne parle que des étrangers qui ne rentrent pas dans ces deux catégories.

La décision à intervenir sur cette question dépend du choix que l'on fera des diverses théories sur la condition des étrangers en France et de la façon dont on interprétera les mots « droits civils » de l'article 11.

L'opinion qui prévaut en jurisprudence, c'est que l'étranger n'a pas les droits qui sont « *propria jura civitatis* » droits propres à la cité, par opposition aux « *jura gentium* » c'est-à-dire aux droits qui se retrouvent chez tous les peuples. Dans cette opinion, la loi française ayant créé et organisé l'adoption, cette institution est un droit civil au premier chef, et par conséquent, on décide qu'un étranger ne peut ni adopter, ni être adopté (1).

Dans une deuxième opinion, les droits civils dont parle l'article 11 sont tous les droits privés qui n'ont pas été l'objet d'une concession expresse ou tacite envers l'étranger, et celui-ci ne jouit en France que des droits qui lui sont accordés par la loi française. Or aucun texte ne communique à l'étranger le bénéfice du contrat d'adoption ; donc, selon les partisans de cette opinion, l'adoption n'est pas possible à un étranger.

Enfin, dans un troisième système auquel je me rattache, les expressions : « droits civils » de l'article 11 désignent les droits qui sont refusés à l'étranger par la loi civile en France, et l'étranger jouit en principe de tous les droits privés, sauf disposition légale contraire. Comme l'adoption n'est pas refusée à l'étranger par un texte de loi, nous lui reconnaîtrons le bénéfice de ce contrat, avec une restriction cependant. L'étranger en effet, est régi par son statut personnel qui le suit hors de son pays : cette décision se tire par *e contrario* de l'article 3 du Code Napoléon, qui admet que le statut personnel suit le Français

____

(1) Cassation, 7 juin 1826.

hors du territoire de la France ; par conséquent, nous déciderons que l'étranger pourra adopter ou être adopté en France, mais seulement quand la loi de son pays lui permet d'adopter ou d'être adopté

Tout le monde admet qu'un prêtre catholique peut être adopté ; au contraire c'est une question controversée que celle de savoir s'il peut lui-même adopter.

Pour soutenir la négative, voici les principaux arguments qu'on a présentés.

L'adoption imite la nature ; c'est une fiction de paternité légitime qui ne peut se développer que parallèlement à la réalité, et qui, pour ne pas être choquante, ne peut s'appliquer qu'à ceux qui auraient pu avoir des enfants de leur sang ; or les prêtres catholiques ne peuvent se créer une famille ; ils ne peuvent pas avoir d'enfants issus d'eux-mêmes ; donc ils ne peuvent pas adopter.

De plus, comme la question s'agitait pratiquement, on a invoqué les décisions de la jurisprudence qui considèrent l'engagement dans les ordres sacrés comme un empêchement au moins prohibitif en matière de mariage (1) et on a conclu de la prohibition du mariage à la prohibition de l'adoption pour les prêtres, diacres, et sous-diacres catholiques.

Bien que ces arguments aient été présentés avec

(1) Agen, 6 juillet 1860. — Trib. Seine, 25 janvier 1865. — Arrêt Paris, 14 janvier 1832, et Cassation, 21 juillet 1833. — *Contrà*, Périgueux, 31 juillet 1862.

une grande habileté, je ne crois pas qu'ils soient décisifs.

Et d'abord est-il vrai d'appliquer dans la législation du Code Napoléon la formule qui consiste à dire que l'adoption imite la nature ? Les travaux préparatoires nous ont fait voir combien on s'était éloigné des idées romaines, et nous trouvons à chaque instant dans les textes des dispositions que contredisent cette formule. Ainsi l'adoption est permise aux célibataires; ainsi un époux peut adopter sans que l'autre époux adopte; ainsi il suffit de quinze ans de différence entre l'âge de l'adoptant et l'âge de l'adopté. D'ailleurs il n'y a nullement incompatibilité entre la qualité de père et la qualité de prêtre : on peut citer des prêtres catholiques fort réguliers qui ont des enfants légitimes; c'est ce qui arrive toutes les fois qu'un homme ayant été marié et ayant eu des enfants de ce mariage, s'engage dans les ordres sacrés après la mort de sa femme.

Même en admettant avec la jurisprudence qu'un prêtre catholique ne peut se marier, il ne s'ensuit pas qu'il soit incapable d'adopter, car les incapacités ne s'étendent pas par analogie.

Les arguments de l'opinion adverse étant écartés, reste le silence du Code et des canons ecclésiatiques reçus en France ; ni le Code, ni les canons ne contiennent de disposition qui défende au prêtre catholique d'adopter; au contraire, un pape, Jean VIII, a adopté Boson. Or, dans le silence des textes, nous ne pouvons priver le prêtre catholique du droit que tout Français tient de la loi; donc l'adoption est permise au prêtre catholique (1).

Examinons maintenant si une condition nécessaire pour être adopté est de ne pas être l'enfant naturel reconnu de celui qui veut adopter.

La controverse est très-vive à cet égard et il est curieux de connaître l'hitoire de la jurisprudence.

En 1841 la question s'est présentée à la Cour de Cassation et par arrêt du 28 avril 1841, la Cour a jugé que l'adoption d'un enfant naturel reconnu par son père était possible.

La même question se présente en 1843 et le 16 mars 1843, la Cour de Cassation juge que l'adoption par son père de l'enfant naturel reconnu n'est pas valable.

Mais le 1er avril 1846 la Cour de Cassation revient à sa première doctrine et la jurisprudence semble fixée dans cette voie qu'avaient prise du reste la majorité des Cours impériales. (V. Paris, 13 mai 1854 et 3 juin 1861.

Pour soutenir que l'adoption d'un enfant naturel reconnu n'est pas valable, on ne peut alléguer une disposition formelle de la loi, mais on dit qu'elle est contraire aux conditions et aux effets de l'adoption, et enfin à l'état que notre législation fait à cet enfant naturel. Telle est l'opinion que professe M. Demolombe et à laquelle la Cour d'Angers s'est ralliée par arrêt du 14 août 1867,

(1) Cass., 26 nov. 1844.

rendu sous la présidence de M. le premier président.

Cependant j'aime mieux décider qu'un enfant naturel reconnu peut être adopté par son père naturel. En effet, il s'agit, *à priori*, de déclarer que certaines personnes sont incapables de faire un contrat. Or, les incapacités sont essentiellement de droit étroit : c'est le système du législateur dans les articles 902, 1123 et 1594 du Code civil, et précisément dans le premier système, on présente des inductions graves, des incompatibilités prétendues, mais on ne présente pas de texte formel.

Il faudrait d'autant plus présenter ce texte formel pour faire admettre que l'adoption de l'enfant naturel reconnu n'est pas possible pour le père, il faudrait d'autant plus présenter ce texte que les rédacteurs du Code pensaient eux-mêmes qu'il fallait un texte. Car, dans le projet du Code de l'année 1801, un article défendait l'adoption de l'enfant naturel reconnu (1) et quand cet article fut soumis à la discussion, M. Marmont fit observer « que cette disposition peut compromettre l'état des enfants naturels. Il pourrait arriver en effet que pour se ménager la faculté de les adopter, leur père différât de les reconnaître et que cependant il mourût sans les avoir ni adoptés, ni reconnus (2). » Cela serait décisif si cela s'é-

(1) Fenet. t. **10**, p. 281.
(2) Fenet. p. 319. *Adde.* Paroles du Premier Consul, p. 339.

tait passé dans la discussion de 1802, mais nous pouvons toujours dire que le délai ne fait rien à l'affaire et n'empêche pas la vérité de l'argument.

Il est vrai qu'on combat cet argument tiré des travaux préparatoires par une observation de M. Treilhard, présentée dans la discussion; mais je réponds que ce n'est qu'une opinon individuelle et qui ne saurait suffire pour nous faire dévier des principes.

Donc l'adoption d'un enfant naturel reconnu est possible pour le père. Toutefois je n'admettrai pas qu'on puisse adopter son enfant incestueux ou adultérin.

CHAPITRE II.

DES FORMES DE L'ADOPTION.

J'exposerai d'abord la procédure de l'adoption pour déterminer ensuite le moment exact où les conditions pour l'adoption sont exigées par la loi.

SECTION PREMIÈRE.

Procédure de l'adoption.

On peut distinguer trois phases dans la procédure, dont la première comprend le contrat d'adoption; la deuxième, l'instruction et le prononcé de l'adoption; la troisième enfin, la publicité donnée à l'adoption.

§ Ier.

Contrat d'adoption.

L'adoption est un contrat. (Art. 353 et 1101 comb.)

Si le législateur n'avait rien édicté sur la forme de l'adoption, nous aurions appliqué la règle de droit commun du Code Napoléon d'après laquelle les volontés manifestées d'une manière quelconque forment le contrat. Ce principe est l'inverse du principe qui dominait en droit romain. A Rome, sauf quelques exceptions, le contrat ne se formait pas simplement par le consentement des parties ; il fallait qu'à ce consentement se joignît une cause extérieure, une formalité extrinsèque, la *causa civilis obligationis*, en un mot : la seule manifestation de volonté pour produire un effet juridique ne suffisait pas pour donner une action. Déjà notre ancien droit avait répudié cette distinction des contrats et des pactes, et Loysel écrivait dans ses Institutes Coutumières. « Autant vaut une simple promesse ou convenance que la stipulation du droit romain. On lie les bœufs par les cornes et les hommes par les paroles (1) ». C'est la théorie de l'ancien droit français que le Code civil a consacré. (Art. 1101 et 1134.

Toutefois le Code civil a abandonné cette règle dans certains cas où il était particulièrement dési-

____

(1) Loysel, n° 357.

rable d'assurer aux parties la pleine liberté de leurs volontés, de les protéger contre des surprises ou des obsessions et de les forcer à réfléchir sur la gravité de leur résolution; et notamment il l'a abandonnée en matière d'adoption.

L'adoption est un contrat, mais c'est un contrat solennel, c'est-à-dire un contrat dont l'existence est subordonnée à l'accomplissement de formalités prescrites par la loi. L'art. 353 nous apprend que la personne qui se propose d'adopter et celle qui voudra être adoptée devront se présenter devant le juge de paix du domicile de l'adoptant pour y passer acte de leurs consentements respectifs. Le consentement ne suffit donc pas ici ; il faut qu'il en soit passé acte.

Outre cette première dérogation au droit commun, il importe d'en remarquer une autre. Aux termes de la loi du 25 ventôse an XI, art. 1er, les notaires ont qualité pour recevoir tous les actes et contrats auxquels les parties doivent ou veulent faire donner le caractère d'authenticité. Ici, c'est le juge de paix du domicile de l'adoptant qui doit recevoir le consentement des parties et en dresser acte. (Art. 352 *in fine*).

On s'est divisé sur le point de savoir si les parties pouvaient se faire représenter par un mandataire muni d'une procuration spéciale et authentique.

Sans doute, il est de principe dans notre droit qu'on peut se faire représenter (art. 1984) et cette règle reçoit son application précisément en matière d'actes de l'état civil. (Art. 36) (1).

Cependant je crois que la nature des choses résiste à la représentation relativement à l'adoption. Le Code veut que le consentement soit manifesté devant le juge de paix. Or le vœu de la loi ne sera pas accompli si les parties donnent leur consentement à l'adoption en donnant une procuration devant notaires. Le Code a une confiance spéciale dans le juge de paix.

D'ailleurs l'opinion contraire aboutit à une sérieuse difficulté. Quand un mandat a été donné et quand la révocation de ce mandat n'est connue par le tiers qu'après qu'il a traité avec le mandataire, la loi veut que l'acte soit irrévocable ; c'est tant pis pour le mandant. (Art. 2005). Or l'application de ces principes du mandat apporterait ici un dommage considérable.

§ 2.

Instruction et homologation du contrat.

Une expédition de l'acte reçu par le juge de paix doit, dans les dix jours, être remise, à fins d'homologation, par la partie la plus diligente, au procureur impérial près le tribunal de première instance dans le ressort duquel l'adoptant est domicilié. (Art. 354).

Toutefois dans la pratique, malgré le texte de l'article 354, cette remise de l'expédition se fait

(1) Bruxelles, 22 avril 1807.

presque toujours par requête d'avoué adressée au président du tribunal. (Art. 859. Pr.)

Dans tous les cas, on y joint les pièces et les documents relatifs à l'adoption.

Le tribunal saisi par le procureur impérial ou par requête d'avoué, se réunit en la chambre du conseil et vérifie 1° si toutes les conditions exigées par la loi sont remplies ; 2° si la personne qui se propose d'adopter jouit d'une bonne réputation. (Art. 355).

La loi, en matière 'dadoption, à la différence de ce qui est édicté relativement au mariage, n'a pas pris de mesures pour procurer aux obstacles à l'adoption la facilité de se produire. Mais le ministère public doit être entendu en ses renseignements et observations (art. 83. Pr.) et on peut faire passer des notes au procureur impérial, comme cela résulte de l'art. 360, 2e al. qu'on généralise.

Sur ces renseignements, le Tribunal prononce, sans donner de motifs, son jugement en ces termes : Il y a lieu, ou il n'y a pas lieu à l'adoption (art. 356) (1).

Dans le mois qui suit le prononcé de ce jugement, ce jugement est soumis à la Cour impériale qui, après avoir instruit la cause comme en première instance statue également en ces termes et sans énoncer de motifs : « Le jugement est confirmé, ou, le jugement est réformé ; » en consé-

(1) Cass, 21 mars 1851.

quence, il y a lieu ou il n'y a pas lieu à adoption (art. 357).

Aucun article n'indique de quelle manière la Cour sera saisie. Il me paraît évident qu'il faut employer le même mode de procéder que vis-à-vis du Tribunal de première instance. On remettra les pièces au Procureur général, si on s'en tient au texte de l'art. 354 ou au premier président, par le ministère d'un avoué à la Cour, si on suit le mode introduit par la pratique.

Le caractère remarquable de toute cette procédure, c'est qu'elle est, pour ainsi dire, secrète; et le but de ce secret, exceptionnel d'ailleurs dans nos lois, est de prévenir toute atteinte à la considération des parties et de faire en sorte que le refus possible d'une adoption ne jette pas un blâme trop direct à la moralité des parties intéressées. « Si les tribunaux, dit l'exposé des motifs, sont appelés à rejeter quelquefois des demandes imprudentes d'adoption, il serait sans utilité de les mulcter par une fâcheuse publicité. » (1)

Tant que l'adoption n'est pas définitivement admise, tout se passe donc en la chambre du conseil; c'est là que le tribunal examine les documents; c'est là que le ministère public est entendu en ses renseignements pris à titre confidentiel; c'est là qu'est rendu le jugement du Tribunal de première instance, soit admettant soit refusant l'adoption; enfin, c'est aussi en la chambre du

(1) Fenet, t. 10, p. 433.

Conseil que l'arrêt de la Cour est rendu quand cet arrêt rejette l'adoption. Ce secret de la procédure est tellement essentiel que le prononcé en audience publique d'un arrêt qui déclare qu'il n'y a pas lieu à adoption serait un cas de nullité (1).

Est-il nécessaire, pour pouvoir recourir à la Cour impériale, d'avoir obtenu l'homologation du Tribunal de première instance ?

Quelques auteurs ont soutenu qu'on ne pourrait soumettre à la Cour l'opinion d'un Tribunal qui n'aurait pas admis l'adoption et ils ont invoqué les termes de l'art. 357. Ils ont prétendu que ces mots : « le jugement est confirmé » se rapportaient exclusivement à ceux-ci : « En conséquence, il y a lieu à adoption, » tandis que cette partie de la formule : « le jugement est réformé » ne correspondait qu'à cet autre membre de phrase : « En conséquence, il n'y a pas lieu à adoption. » Ce qui impliquait toujours une décision favorable du Tribunal de première instance.

Un tel système me paraît à la fois contraire aux principes et au texte de l'art. 357 sainement interprété.

Toute notre organisation judiciaire repose sur la base d'une juridiction à deux degrés et sur la faculté qu'ont les parties d'en appeler d'un magistrat à un autre magistrat réputé plus éclairé, et dans le système que je repousse, les parties seraient

(1) Cass. 22 mars 1848 et 28 février 1866.

arrêtées par la résistance d'un Tribunal de première instance.

Si l'art. 357 était décisif, je m'inclinerais devant la volonté du législateur ; mais les travaux préparatoires indiquent au contraire que le législateur n'a pas voulu faire pour notre hypothèse une telle exception. Il y avait, dans l'un des projets auxquels notre titre a donné lieu, un article qui portait formellement. « Si le Tribunal refuse cette autorisation (de l'adoption), l'on pourra appeler de son jugement. » Cet article a été fondu avec deux autres, non dans une idée d'amendement, mais dans l'idée de parvenir à une rédaction plus concise ; aussi le commencement de l'art. 357 est-il général.

Donc l'adoption rejetée en première instance peut être admise en appel.

Et dans notre opinion, voici comment s'explique la formule de la fin de l'art. 357. Si le jugement est confirmé, on dira : « il y a lieu ou il n'y a pas lieu d'adoption, » suivant que ce jugement l'aura admise ou rejetée. De même si le jugement est réformé, on dira encore suivant les cas : « il y a lieu ou il n'y a pas lieu à adoption. » En d'autres termes, la dernière partie de la formule se rapporte à chacune des deux hypothèses, soit de la confirmation, soit de la réformation du jugement et se combine avec chacune d'elles.

§ 3

Publicité de l'adoption.

Tout arrêt de la Cour qui admet une adoption est prononcé à l'audience, et affiché en tels lieux, et en tel nombre d'exemplaires que la Cour juge convenable (art. 358) (1).

En effet, autant la discrétion et le secret étaient désirables tant que l'adoption était en suspens, autant la publicité devient nécessaire pour avertir les tiers des rapports nouveaux que l'adoption admise fait naître.

Voilà pourquoi également, dans les trois mois qui suivent l'arrêt, l'adoption est inscrite, à la réquisition de l'une ou de l'autre des parties, sur le registre de l'état civil du lieu où l'adoptant est domicilié (art. 359).

Il est rationnel que cette espèce de naissance civile soit constatée sur le registre des actes de naissance.

Cette inscription n'a lieu du reste que sur le vu d'une expédition en forme de l'arrêt (Art. 359, 2ᵉ alin.) et il semble résulter de la nécessité de cette présentation de l'arrêt que c'est l'arrêt qui doit être inscrit, sans qu'il soit nécessaire d'inscrire l'acte d'adoption passé devant le juge de paix (2).

(1) Cass. 1ᵉʳ avril 1863.
(2) Cass. 23 nov. 1847.

Avant de quitter l'étude de la procédure de l'adoption, il importe de signaler une question qui s'y rattache d'une façon toute spéciale.

L'arrêt qui statue sur une demande d'adoption doit-il être prononcé en audience solennelle?

La difficulté provient de l'art. 22 du décret du 30 mars 1808.

Une première opinion soutient que la demande d'adoption est une contestation relative à l'état des citoyens, puisque les parties intéressées peuvent remettre tous mémoires ou documents au ministère public et argumente des garanties dont le législateur a entouré le contrat d'adoption. La Cour de Grenoble consacrant ces idées a décidé, par arrêt du 7 mai 1849, que la demande d'adoption devait être jugée en audience solennelle, de sorte que dans ce système l'arrêt rendu en audience ordinaire serait entaché de nullité pour violation de l'art. 22 du décret de 1808.

Dans une deuxième opinion que je crois préférable, on décide que les demandes d'adoption doivent être jugées en audience ordinaire. Même en admettant (ce que je n'admets pas) que la demande d'adoption soit une contestation relative à l'état des citoyens, susceptible de rentrer dans la règle qu'introduit l'art. 22, il faudrait immédiatement la faire bénéficier de l'exception que fait ce même article pour certaines affaires; car la demande d'adoption doit être jugée à bref délai et dans des formes particulières. Quant à l'argument tiré des garanties dont l'adoption est entou-

rée, je réponds qu'il ne faut pas exagérer ces garanties. Enfin il est de principe que c'est à l'audience ordinaire qu'appartient toute affaire qu'un
texte législatif n'en a pas distrait.

SECTION DEUXIÈME.

Détermination du moment où les conditions exigées par la loi doivent être réunies.

La procédure d'adoption comportant, ainsi que
nous venons de le voir, des phases multiples et
successives, on a dû rechercher à quel moment il
fallait que les conditions exigées pour l'adoption
se trouvassent réunies. Le Code n'a pas indiqué,
textuellement du moins, la solution de cette question, de sorte qu'on a proposé plusieurs systèmes
différents.

Voici le système auquel je crois devoir m'arrêter. Sans exiger que toutes les conditions soient
réunies au moment où l'accord des volontés est
constaté devant le juge de paix, j'exigerai qu'elles le soient au moment où l'arrêt est prononcé;
mais je ne pense pas qu'il soit nécessaire qu'elles
continuent d'exister jusqu'à l'inscription sur les
registres de l'état civil.

En effet, quand le contrat d'adoption est passé
devant le juge de paix, l'adoption n'existe pas
encore; l'adoption n'est consommée que par l'arrêt; jusque-là, il n'y a que simple projet, simples
préliminaires. Cela est si vrai que l'art. 355, con-
fiant au Tribunal la mission de vérifier l'honora-

bilité des parties parle de la personne qui se propose d'adopter et non pas de la personne qui a adopté.

Si dans l'art. 360 le législateur a décidé que l'adoption peut avoir lieu malgré le décès de l'adoptant avant l'arrêt, c'est précisément parceque, en principe, il faut que les conditions existent au moment de l'arrêt.

Sans doute il convient de faire une réserve. Il faut tout au moins que le contrat soit valable devant le juge de paix; il faut donc qu'à ce moment les conditions de validité du consentement des comparants existent; il faut donc que l'adopté soit majeur à l'époque de la comparution devant le juge de paix; enfin si c'est une femme mariée, il faut qu'elle soit habilitée à cette même époque. Mais l'arrêt une fois rendu, il ne s'agit plus que d'une formalité extrinsèque, d'une simple inscription sur les registres de l'état civil, et dès lors il n'est pas nécessaire que les conditions requises continuent d'exister jusqu'au moment de cette inscription (1).

CHAPITRE III.

DES EFFETS DE L'ADOPTION.

L'idée saillante, c'est que l'adopté ne sort pas

____

(1) Cass. 1ᵉʳ mai 1861. M. Duverger à son cours.

de la famille à laquelle il appartient par sa naissance.

L'article 348, 1ᵉʳ al., énonce formellement ce principe et l'art. 349 en fait l'application quand il nous dit que l'obligation alimentaire continue à exister entre l'adopté et ses ascendants (art. 205). L'adopté conserve donc tous ses droits de succession dans la famille naturelle. A l'inverse, les parents de l'adopté conservent leurs droits, soit au point de vue du consentement au mariage (art. 148) soit au point de vue de la succession.

C'est là un effet négatif, qui contraste singulièrement avec les conséquences excessives que produisait l'adoption dans le pur droit romain.

Mais quels sont les effets positifs de l'adoption? Quels sont les rapports juridiques qu'elle engendre ?

Nous trouvons dans le texte du Code civil, ou dans d'autres lois, sept effets de l'adoption :

1° La transmission de nom (art. 347);

2° La prohibition de mariage (art. 348);

3° L'obligation réciproque d'aliments (article 349);

4° Le droit pour l'adopté de succéder à l'adoptant (art. 350);

5° Le droit pour l'adoptant et les descendants de l'adoptant de venir prendre dans la succession de l'adopté mort sans enfants ce que l'adopté a reçu de l'adoptant par donation ou succession (art. 351), et le droit pour l'adoptant seulement de reprendre les biens donnés dans la succession des enfants de l'adopté prédécédés sans postérité (art. 352);

6° L'application de la peine du parricide pour le meurtre du père adoptif comme pour le meurtre du père naturel (art. 299 P.);

7° Enfin, l'assimilation du père adoptif au père naturel en ce qui concerne la répression des coups et blessures que lui aurait portés l'adopté (article 312 P.);

Je reprends ces effets.

1° Aux termes de l'article 347, l'adoption confère à l'adopté le nom de l'adoptant, en l'ajoutant au nom propre de l'adopté.

On voit que c'est l'inverse de ce qui avait lieu à Rome. A Rome, l'adopté prenait le nom de l'adoptant et ajoutait une terminaison adjective à son nom.

La règle de l'art. 347 est générale. Ainsi l'individu adopté par une femme mariée ou par une veuve ajoute à son nom le nom de famille de l'adoptante et non celui du mari. Ainsi encore l'enfant naturel d'un autre que l'adoptant, ayant eu un nom donné par les administrateurs de l'hospice qui l'avaient recueilli, devra conserver ce nom et y ajouter celui de l'adoptant (1).

2° Bien que l'adopté reste dans sa famille natu-

___

(1) Bordeaux, 4 juin 1862.

relle et n'entre pas dans la famille de l'adoptant,
cependant l'art. 348 prohibe le mariage entre :

L'adoptant, l'adopté et ses descendants;

Les enfants adoptifs du même individu;

L'adopté et les enfants qui pourraient survenir
à l'adoptant;

Enfin, entre l'adopté et le conjoint de l'adoptant, et réciproquement entre l'adoptant et le
conjoint de l'adopté.

C'est par des motifs d'honnêteté publique,
c'est pour maintenir la sainteté de la famille que
ces dispositions prohibitives de mariage ont été
édictées. « L'affinité morale établie entre les personnes de cette qualité et les rapports physiques
que la cohabitation fait naître entre elles pres-
crivaient de ne point offrir d'aliments à leurs
passions par le mariage » (1).

Quelle sera la sanction des prohibitions établies
par l'art. 348? Nous connaissons, par l'art. 184,
la sanction des empêchements créés par les articles 161, 162 et 163; mais ici que doit-on décider?

On range généralement les empêchements de
l'art. 348 dans la classe des empêchements simplement prohibitifs, conformément au principe
qu'il n'y a de nullités en matière de mariage que
celles qui sont établies par un texte formel et
positif.

Cependant quelques auteurs les rangent parmi

____

(1) V. Exp. des mot. Fenet. t. 10, p. 431.

les empêchements dirimants. Selon ces auteurs, si la loi est muette, sur le point qui nous occupe, dans le chapitre du Code relatif aux nullités de mariage, c'est qu'à l'époque où ce chapitre a été fait, la disposition de notre article 348 n'existait pas encore; d'où la nécessité pour le jurisconsulte de combler cette lacune par l'application à notre matière des art. 161, 162 et 164 du Code Napoléon, qui prononcent la nullité des mariages célébrés en violation des défenses fondées sur la parenté ou l'alliance à certains degrés.

A nos yeux, cette opinion est trop rigoureuse, et l'analogie n'existe pas dans les deux situations. Les empêchements de l'art. 348 sont fondés uniquement sur le désir de sauvegarder les mœurs de la famille; au contraire, les empêchements des art. 161, 162 et 164 sont fondés, non-seulement sur des considérations d'honnêteté publique, mais encore sur des considérations physiologiques, sur la communauté d'origine et de sang, qui ne disparaissent pas après l'accomplissement du mariage. Donc, en présence de cette différence dans les situations, nous ne pouvons appliquer à l'une de ces situations les règles rigoureuses de l'autre; ce serait violer l'esprit de la loi.

3° L'obligation réciproque de se fournir des aliments à l'occasion, prend naissance entre l'adoptant et l'adopté.

Son étendue, son objet, son caractère seront déterminés par les art. 208, 209, 210 et 211, Code Napoléon.

Le législateur n'a établi la dette alimentaire qu'entre l'adoptant et l'adopté; il ne l'a établie textuellement ni entre l'adoptant et les descendants de l'adopté, ni entre l'adopté et les ascendants de l'adoptant; devons-nous l'admettre entre ces personnes? Non. Il s'agit ici de l'adoption, c'est-à-dire d'une création de la loi; nous ne devons pas en étendre les effets.

J'observe que l'art. 349 qualifie l'obligation alimentaire d'obligation « naturelle. » Ordinairement, on entend par obligation naturelle une obligation qui n'est pas munie d'action. Mais évidemment l'obligation alimentaire est une obligation civile, une obligation pourvue d'action; le droit d'action est incontestable. Le législateur a simplement voulu dire que l'obligation alimentaire dérive de la loi naturelle; il l'a considérée et qualifiée au point de vue de sa source philosophique plutôt qu'au point de vue de sa force juridique.

4° L'adopté n'acquiert aucun droit de suscessibilité sur les biens des parents de l'adoptant. (art. 350). Il ne peut recueillir les hérédités de ces personnes ni de son chef, ni par représentation de l'adoptant. Ainsi, pour prendre un exemple dans cette dernière hypothèse, une personne avait un fils qui avait adopté un enfant. Le père adoptif vient à mourir et laisse son père, un frère et l'enfant adoptif. Le père du père adoptif meurt ensuite, laissant un fils et le fils adoptif de son fils prédécédé. Le fils adoptif du fils prédécédé viendra-t-il à la succession du père de son père adoptif? Non. Car, aux termes de l'article 350, il n'acquiert aucun droit de succession sur les biens des parents de l'adoptant. Donc, puisqu'il n'a pas de vocation propre à la succession du père de son père adoptif, il ne peut arriver par représentation (1).

Après avoir limité ainsi le droit successoral de l'adopté, l'article 350 continue : « Il aura sur la succession de l'adoptant les mêmes droits que ceux qu'y aurait l'enfant né en mariage, même quand il y aurait d'autres enfants de cette dernière qualité nés depuis l'adoption. »

Ainsi l'adopté a le droit de succession *ab intestat* que la loi reconnaît à l'enfant légitime vis-à-vis de son père. Il exclut les collatéraux et les ascendants de l'adoptant; il partage par tête avec l'enfant légitime qui naîtrait postérieurement à l'adoption, et il réduit les enfants naturels au tiers de la portion qu'ils auraient eue s'ils avaient été légitimes.

Puisque l'adopté a droit à la succession *ab intestat* de l'adoptant, et puisque la réserve est une portion de la succession *ab intestat*, défendue contre les libéralités du *de cujus*, l'enfant adoptif doit avoir droit à la réserve. L'article 913 s'applique, de l'aveu de tout le monde, à l'enfant adoptif relativement à la succession de l'adoptant (2).

(1) Toulouse. 25 avril 1848.
(2) Trèves. 22 janvier 1843.

Toutefois on n'est pas d'accord sur la manière de l'appliquer.

Un auteur a pensé que l'adopté n'a de réserve à exercer que sur les biens dont le père adoptif n'avait pas disposé entre-vifs, par donation ou par institution contractuelle; de sorte que il ne pourrait faire réduire que les legs. Cet auteur disait : l'article 350 donne le droit de succession à l'enfant adoptif sur la succession de l'adoptant. Or cette succession, c'est ce dont le père adoptif n'a pas disposé de son vivant ; c'est ce qu'il laisse à sa mort, et les biens sortis par donation ou institution contractuelle ne sont plus dans la succession; donc l'adopté ne pourra critiquer ces sortes de libéralités, à quelque moment qu'elles aient été faites (1).

Ce premier système n'a pas été admis, parce qu'il n'est pas en harmonie avec les principes sur la réserve. D'après ces principes, tous les biens ayant appartenu au défunt sont encore, au point de vue de la réserve, dans la succession du *de cujus,* et ces principes résultent de l'article 922. Or, si l'enfant adopté a droit à la réserve, il a droit à tout ce que comprend la succession au point de vue de la réserve.

Aussi a-t-on admis que l'adopté pourrait faire réduire les donations et institutions contractuelles.

(1) Delvincourt, I.

L'interprétation restrictive de Delvincourt écartée, d'autres auteurs ont proposé une distinction et ont soutenu que la réserve de l'enfant adopté ne pourrait porter sur les donations et institutions contractuelles qu'autant que ces libéralités n'auraient été faites qu'après l'adoption.

On raisonne dans ce système de la façon suivante : l'adoption ne peut porter atteinte aux droits acquis lorsque l'adoption a eu lieu.

Ce deuxième système a été encore écarté comme n'étant pas en harmonie avec la théorie de la loi sur la réserve. Je le répète, au point de vue des réservataires, tous les biens du testateur, aliénés à titre gratuit, sont dans sa succession. Or la loi donne à l'adopté un droit à la réserve; il doit l'exercer comme les enfants légitimes l'exerceraient.

Mais, dit-on, voilà un moyen de revenir sur des donations que vous mettez entre les mains du donateur et qui aboutit à une violation du principe d'irrévocabilité des donations (art. 894).

Je réponds que non. Cette réduction, en effet, n'est pas absolument facultative pour l'adoptant; l'adoption n'est pas un acte purement volontaire, il faut le consentement de l'adopté; il faut l'homologation du tribunal; il n'y a donc pas un acte arbitraire de la part de l'adoptant; donc le principe d'irrévocabilité des donations n'est pas violé (1).

(1) Cass. 29 juin 1825.

Reste sur l'article 350 à examiner une dernière question, la question de savoir si le droit de succession sur les biens de l'adoptant est limité à la personne de l'adopté ou si ce droit de succession existe au profit des enfants légitimes de l'adopté ?

Pour soutenir que les enfants de l'adopté ont un droit de succession sur les biens de l'adoptant, on se fonde sur un argument d'analogie tiré de l'article 759, qui déclare que les enfants légitimes de l'enfant naturel reconnu ont sur les biens du père de l'enfant naturel les mêmes droits que l'enfant naturel. Or, dit-on, de même que le lien est reconnu entre le grand-père naturel et les enfants légitimes de l'enfant naturel, de même il faut reconnaître le lien entre l'adoptant et les enfants légitimes de l'adopté.

On tire une induction de l'article 351. Nous verrons dans cet article que l'adoptant a un certain droit de succession sur les biens par lui donnés à l'adopté ; mais ce droit ne s'exerce qu'autant que ce fils adoptif ne laisse pas d'enfant légitime. C'est donc que la loi reconnaît un lien et une affection entre les enfants légitimes de l'adopté et l'adoptant, puisqu'elle suppose que l'adoptant doit voir sans déplaisir les biens par lui donnés passer aux enfants légitimes de l'adopté.

Enfin, on dit que l'adoption n'atteindra son but qu'autant que les enfants de l'adopté deviendront les petits-enfants de l'adoptant ; s'ils deviennent ses petits-enfants. ils sont ses héritiers au deuxième degré.

C'est ce système qui a prévalu dans la jurisprudence (arrêt Cass. 2 décembre 1822, et arrêt Paris, 24 janvier 1824).

Une deuxième opinion, que j'adopte, refuse un droit de succession sur les biens du père adoptif aux enfants légitimes de l'adopté.

On part de ce principe qu'un droit de succession *ab intestat* ne peut être reconnu qu'autant qu'un texte de loi appelle formellement une personne à la succession d'une autre personne, et l'article 350 n'accorde un droit de succession sur les biens de l'adoptant qu'à l'adopté lui-même.

On ne peut tirer un argument *à pari* de l'article 759 ; car il y a un lien du sang entre le père du fils naturel reconnu et les enfants légitimes de ce fils naturel.

Mais, dit-on, l'article 351 ne peut s'expliquer si vous ne reconnaissez pas de lien entre l'adoptant et les enfants légitimes de l'adopté. Cette objection est facile à écarter. En effet, le droit de succession anomale de l'adoptant aux biens par lui donnés ne peut s'exercer qu'autant que l'enfant adoptif n'en a pas disposé : dès lors, l'article 351 peut s'expliquer par cette idée que l'enfant adoptif entend que les biens à lui donnés passent à ses enfants légitimes ; la succession *ab intestat* n'est qu'une succession testamentaire présumée.

Quant à la considération tirée de ce que l'adoptant a entendu se créer une famille, je réponds qu'on ne peut étendre les effets de l'adoption, création juridique et œuvre de la loi positive.

Merlin (1) avait proposé un système qui tenait
en quelque sorte le milieu entre le système de la
jurisprudence et le système que j'ai adopté. Dis-
tinguant entre les descendants de l'adopté nés
postérieurement à l'adoption, et les descendants
nés antérieurement, il accordait aux premiers le
droit de succéder à l'adoptant et le refusait aux
autres.

Pour établir l'existence d'un lien civil entre l'a-
doptant et les descendants de l'adopté nés après
l'adoption, Merlin argumentait de l'article 347 et
soutenait que ces enfants, prenant le nom de l'a-
doptant, devenaient légalement ses petits-enfants.
Au contraire, les enfants de l'adopté nés antérieurement à l'adoption, ne joignant pas nécessairement à leur nom le nom de l'adoptant, ne se
rattachaient par aucun lien civil à l'adoptant et
par conséquent, selon Merlin, ne devaient pas
être appelés à lui succéder.

Mais ce système ne saurait être admis : l'admettre, ce serait tirer de la disposition de l'article
347 des conséquences excessives. Il ne suffit pas,
en effet, de prendre le nom d'une personne pour
lui être parent. Ainsi, l'enfant naturel reconnu
porte le nom de celui qui l'a reconnu et, par suite,
porte le nom du père légitime de son père naturel, et cependant il ne succède nullement ni de
son chef ni par représentation au père légitime
de son père naturel (art. 756). Ainsi encore

(1) Quest. Verbo Adoption. § 7.

l'adopté ajoute à son nom le nom du père de l'adoptant, et cependant il n'acquiert aucun droit de successibilité par rapport au père de l'adoptant (art. 350, 1er alin.).

Puisque nous venons de démontrer que les enfants légitimes de l'adopté n'ont, *jure proprio*, aucun droit de succession à exercer sur l'hérédité de l'adoptant, il s'ensuit qu'ils ne peuvent pas davantage prétendre à cette hérédité par représentation. En effet, les descendants de l'adopté ne pourraient venir par représentation de leur auteur à la succession de l'adoptant que s'ils avaient une vocation directe et de leur chef à cette même succession.

Avant de quitter l'article 350, je dois mentionner une question qui résulte de la combinaison de l'article 350 avec l'article 960. C. Nap. L'article 960 décide que lorsqu'une personne n'ayant pas d'enfant fait une donation et a ensuite un enfant légitime, la survenance de cet enfant révoque la donation.

On a soutenu que la révocation d'une donation était produite par l'adoption que le donateur faisait d'un enfant après la donation. L'enfant adopté a les mêmes droits que l'enfant légitime. Or l'enfant légitime né après la donation la révoque ; donc l'enfant adopté après la donation doit révoquer la donation.

Ce raisonnement pêche par la base. Car ce que l'article 350 concède à l'adopté sur les biens de l'adoptant, ce sont les mêmes droits successifs que ceux qui appartiennent à l'enfant légitime. Or la révocation de l'article 960 n'est pas un droit de succession; c'est le donateur lui-même qui reprend du vivant du donataire le bien donné; c'est dans l'intérêt du donateur que la révocation a lieu. Donc le droit de succession et le droit de révocation d'une donation ne sont pas des droits corrélatifs; donc l'article 350 est étranger à l'article 960.

Aussi la Cour de Cassation a-t-elle décidé que l'adoption ne révoquait pas les donations faites antérieurement (1).

5° Les articles 351 et 352 consacrent un des cas de ce que l'on appelle généralement succession anomale.

Il est en effet de principe dans notre législation moderne que pour régler la succession *ab intestat* d'une personne, on ne recherche ni la nature ni l'origine des biens. L'article 732 le dit formellement et il abroge en cela les règles de la législation coutumière qui distinguait, d'une part les meubles et les immeubles et, d'autre part, les acquêts et les propres à plusieurs points de vue et notamment pour en régler la dévolution successorale.

Ici, au contraire, quand l'adopté ou ses descendants viendront à décéder sans postérité, il pourra y avoir lieu à rechercher l'origine des biens pour en faire deux parts; l'une de ces parts sera attri-

____

(1) Cass. 2 février 1852.

buée aux parents de l'adopté qui, par une juste réciprocité, ont conservé vis-à-vis de l'adopté tous leurs droits successifs, comme l'adopté les conservait vis-à-vis d'eux (art. 351, *in fine*); l'autre, composée des biens qui proviennent à titre gratuit de l'adoptant, sera attribué à l'adoptant ou à ses descendants. (Art. 351 et 352).

Il y a précisément dans cette dernière attribution une dévolution exceptionnelle, une dérogation aux principes généraux du Code Napoléon, une anomalie.

Cette exception est basée sur des idées de commisération pour l'adoptant qui, sans le secours du législateur, aurait la douleur de perdre à la fois son fils adoptif et son argent, comme aurait dit un jurisconsulte romain; sur des idées d'équité en faveur des descendants légitimes de l'adoptant et enfin sur l'intention présumée de l'adopté ou de ses descendants.

Le droit qui appartient à l'adoptant ou à ses descendants aux termes des articles 351 et 352, offre à l'étude une importance d'autant plus grande qu'on retrouve dans le Code deux autres hypothèses où la dévolution se fait en considération de l'origine des biens. L'article 747 consacre un droit analogue au profit de l'ascendant légitime donateur et l'article 766 un droit semblable au profit des frères et sœurs légitimes de l'enfant naturel décédé.

C'est en combinant ces quatre articles 351, 352, 747 et 766 qu'on arrive à formuler une théorie juridique et à remédier au laconisme de la loi, tout en faisant à chaque article sa part distributive.

Je diviserai en trois paragraphes mes explicacations sur le droit anormal de l'adoptant ou de ses descendants.

1ᵉʳ §. Caractère du droit écrit dans les articles 351 et 352;

2ᵐᵉ §. Quelles sont précisément les personnes qui peuvent réclamer ce droit et dans quels cas ce droit leur compète-t-il?

3ᵐᵉ §. Quelles sont les choses que l'adoptant ou ses descendants peuvent reprendre en vertu de ce droit?

§ 1ᵉʳ.

Caractère du droit écrit dans les articles 351, 1ᵉʳ alinéa et 352.

On a soutenu que le droit exceptionnel dont il s'agit était un droit de reversion, et M. Oudot, le tant regretté professeur de la Faculté de Paris, a enseigné que c'était un droit de retour, se rapprochant à certains égards d'un droit de succession.

Les partisans de cette doctrine ont invoqué la tradition, du moins pour le cas de l'ascendant donateur, en remontant au droit romain, et ils ont cru prouver que le Code avait consacré et généralisé la tradition de la législation romaine, par le mot « retour, » qu'on rencontre dans l'article 351 et par le mot « retournent » de l'article 766.

Je ne pense pas que ces arguments doivent nous convaincre. En présence du texte principal de la loi, dans la matière qui nous occupe, je veux parler de l'article 747, il n'est guère possible d'admettre que le Code ait voulu consacrer une autre doctrine que celle du droit coutumier. Car l'article 747 est, pour ainsi dire, la reproduction de l'article 313 de la coutume de Paris ; l'analogie entre ces deux articles est évidente. Or, les auteurs coutumiers insistent sur ce que c'était un droit de succession et non un droit de retour. (V. Pothier, *Traité des Successions*, ch. II, sect. 2, art. 3.)

Au mot « retour » de l'art. 351 j'oppose le mot « succèdera » que l'art. 352 emploie. Et au mot « retournent » de l'art. 766 j'oppose le mot « passent » qui se trouve dans le même article et qui exprime assurément une idée de succession, surtout si on observe que le même mot « passent » est employé à la fin de l'art. 766 pour désigner la transmission à titre gratuit qui s'opère au profit des frères et sœurs naturels.

Quel intérêt y a-t-il donc à rechercher s'il y a plutôt un droit de succession qu'un droit de réversion ?

L'intérêt, c'est que, s'il s'agit d'un droit de retour, on appliquera les principes du droit de retour, et que, s'il s'agit au contraire d'un droit de succession, on appliquera les principes des successions.

Sans doute, à certains point de vue, il est in-

différent d'adopter la première opinion plutôt
que la seconde, parce qu'il y a un texte de loi qui
met obstacle à toute controverse. Ainsi, il n'y a
pas d'intérêt au point de vue de savoir si l'adoptant ou ses descendants seront tenus des dettes ;
car l'art. 351 leur impose la charge de contribuer
aux dettes : il n'y a pas non plus d'intérêt au
point de vue de savoir si les constitutions de
droits réels consentis par l'adopté ou ses descendants seront maintenues; car l'article 351 dit :
sans préjudice du droit des tiers.

Mais voici l'intérêt.

Si c'est un droit de retour, vous ne pouvez appliquer à celui qui l'exerce la règle que l'héritier présomptif ne peut faire de traité sur une
succession future, règle trois fois répétée dans
notre Code (art. 791, 1130 et 1600). Si c'est un
droit de succession vous appliquerez ces articles.

Si c'est un droit de retour, vous n'appliquerez
pas les articles 527 et suivants relatifs à l'in-
dignité. Si c'est un droit de succession, vous les
appliquerez,

Si c'est un droit de retour, on devra payer un
droit fixe. Si c'est un droit de succession, on devra payer un droit proportionnel de mutation.

La question s'est présentée pratiquement devant la Cour de cassation, au point de vue fiscal,
et la Cour suprême s'est prononcée dans le sens
de l'opinion que nous avons adoptée (1). C'est

(1) Cass. 28 décembre 1829.

du reste l'opinion de la majorité des auteurs. Aussi donne-t-on au droit qui nous occupe le nom de succession anormale ou anomale.

Il est vrai qu'on l'appelle aussi quelquefois retour légal. par opposition au retour conventionnel (art. 951) ; mais nous savons qu'il ne faut pas prendre cette dénomination à la lettre.

§ 2.

Quelles sont précisément les personnes qui peuvent réclamer ce droit et de quels cas leur compéte-t-il ?

Cette espèce de succession s'ouvre dans deux hypothèses distinctes :

1° Quand l'adopté meurt sans descendants légitimes (art. 351).

Nous ajouterons « ou sans enfants adoptifs. » En d'autres termes nous refuserons le bénéfice de la succession anomale dans le cas où l'adopté mourrait laissant un enfant adoptif.

En effet, la loi accorde à l'adopté sur la succession de l'adoptant les mêmes droits qu'à l'enfant légitimé. Or l'enfant légitime empêche l'exercice du droit de succession anomale. Donc l'enfant adopté doit tout autant que l'enfant légitime empêcher l'exercice de la succession anomale.

D'ailleurs il faut remarquer que le droit de succession anomale a sa base dans la loi qui présume chez l'adopté la volonté de faire retourner les biens à leur point de départ. Cela est si vrai

que les biens ne retournent à leur point de départ qu'autant que l'adopté n'en a pas disposé.
Or on peut dire que l'adoption par laquelle l'a-
dopté s'est choisi un héritier dont les droits sont
égaux à ceu d'un enfant né en mariage, renferme
virtuellement cette disposition. Doncl'enfantadop-
tif de l'adopté peut opposer victorieusement son
droit de succession tacite de l'art. 350 au droit
de succession tacite de l'art. 351, 1er al.

Dans cette première hypothèse, l'adoptant, s'il
a survécu à l'adopté, recueille les choses par lui
données.

Et même si l'adoptant était prédécédé, ses descendants recueillent les choses par lui données
ou recueillies dans sa succession (art. 351). Cette
vocation à la succession anomale est directement conférée aux descendants de l'adoptant, qui
se trouvent ainsi appelés en leur nom propre et
qui peuvent recueillir ces biens, alors même
qu'ils auraient renoncé à la succession de l'a-
doptant.

« Ses descendants, » dit l'art. 351, 1er al. Les descendants de l'adoptant pourront être soit des enfants légitimes nés postérieurement à l'adoption,
soit des enfants légitimés postérieurement; sans
difficulté ces enfants auront droit de succession
anomale par rapport à l'adopté.

Mais ces descendants pourraient être des enfants adoptifs de l'adoptant au cas possible où
l'individu aurait adopté plusieurs personnes. Un
autre enfant adoptif recueillerait-il dans la suc-

cession de l'adopté décédé, les biens qui provenaient à celui-ci de l'adoptant commun ?

Je ne le crois pas, car l'adopté n'est assimilé à l'enfant issu de légitime mariage, qu'en ce qui concerne ses droits sur la succession de l'adoptant (art. 350). Or il ne s'agit pas ici de droit sur la succession de l'adoptant, mais de droit sur la succession d'un autre adopté. Donc, en l'absence d'un texte, nous ne pouvons reconnaître à quelqu'un un droit de succession d'ailleurs exceptionnel (1).

2° Quand l'adopté est décédé, laissant des enfants légitimes ou adoptifs, mais quand ceux-ci sont eux-mêmes décédés sans postérité avant l'adoptant (art. 352).

Dans cette hypothèse, l'adoptant succède encore aux choses par lui données; mais il a seul alors le droit de succession anomale. La loi ne voulant pas prolonger cette succession anomale, ni remonter trop haut à l'origine des biens, déclare ce droit inhérent à la personne de l'adoptant et le refuse à ses héritiers même en ligne descendante.

<h2 style="text-align:center">§ 3</h2>

Quelles sont les choses que l'adoptant ou ses descendants peuvent recueillir en vertu du droit de succession anomale.

Aux termes de l'article 351, l'adoptant ou ses descendants sont appelés à recueillir les biens qui

(1) Cass. 14 février 1855.

proviennent de l'adoptant, lorsqu'ils existeront en nature lors du décès de l'adopté.

Donc, si l'adopté en a disposé, l'adoptant ne peut plus les reprendre. Peu importe que l'adopté en ait disposé par acte à titre onéreux ou à titre gratuit, soit par donation entre-vifs, soit par legs. Quoique dans ce dernier cas, le bien légué se trouve matériellement dans la succession de l'adopté, l'adoptant ne peut y prétendre, parce que au moment de la mort de l'adopté, le bien appartenait au légataire. (art. 711) (1).

Il est à remarquer que les articles 747 et 766 contiennent une addition que nous ne rencontrons pas dans l'article 351 : voici ce qu'ils ajoutent :

« Si les objets ont été aliénés, les ascendants « recueillent le prix qui peut en être dû ; ils suc- « cèdent aussi à l'action en reprise que pourrait « avoir le donataire. » (art 747).

« Les actions en reprise, s'il en existe, ou le « prix de ces biens aliénés, s'il est encore dû, « retournent également aux frères et aux sœurs « légitimes. » (art. 766).

Du silence de l'article 351 est née la question de savoir si, à défaut de l'objet en nature, il faut reconnaître à l'adoptant ou à ses descendants, le droit d'exercer l'action en paiement du prix et l'action en reprise ?

On a soutenu que l'adoptant ou ses descen-

____

(1) Cass. 2 janvier 1838.

dants n'ont droit ni aux actions en reprise, ni au prix encore dû, et on a argumenté de ce que nous sommes en présence d'un droit exceptionnel qui doit être renfermé dans les termes mêmes de la loi. Or l'article 351 ne l'accorde qu'autant que la chose existe en nature.

Je pense au contraire que l'adoptant ou ses descendants ont droit aux actions en reprise et au prix encore dû.

En effet, il est évident que c'est absolument la même pensée qui a inspiré le législateur dans l'espèce de succession établie par les articles 351 et 352, et dans les deux autres cas de succession anomale établis par les articles 747 et 766. Par conséquent, en raison, on ne comprendrait pas que le Code eût réglé d'une manière différente des situations semblables (1).

On objecte le silence de l'article 351, mais je réponds que ce silence ne saurait être considéré forcément comme exclusif, et qu'il faut au contraire combiner les différentes parties de la loi pour en faire un tout harmonique.

Et même le retour légal des articles 351 et 352 paraît plus favorable aux yeux du législateur que le retour légal établi par l'article 747.

En effet, d'une part, non-seulement l'adoptant mais encore ses descendants peuvent exercer, à la mort de l'adopté, le droit de succession anomale ; tandis que les descendants de l'ascendant

(1) V. Arrêt de la Cour de Cass. 28 déc. 1829, dans un de ses considérants.

donateur ne jouissent pas du droit qui est accordé exclusivement à cet ascendant (art. 747).

D'autre part, l'adoptant a le droit de reprendre les biens par lui donnés, non-seulement dans la succession de l'adopté, mais encore dans celle de ses enfants, tandis que la majorité des auteurs et la jurisprudence refusent à l'ascendant donateur le droit de recueillir les choses données dans la succession des enfants du donataire (1).

APPENDICE

Quelle est la sanction des dispositions de la loi en ce qui concerne les conditions et les formes de l'adoption.

L'adoption légalement formée est irrévocable ; mais si les conditions de forme et de fond exigées par la loi ne se rencontrent pas, quelle sera la sanction ?

Nous connaissons déjà deux sanctions écrites dans le Code ; il y a en effet un premier examen que doit faire le tribunal de première instance et un second examen que doit faire la Cour impériale : à chaque fois, il y aura sanction en ce sens que les magistrats n'admettront pas l'adoption si les conditions de fond ou de forme exigées par la loi ne se rencontrent pas.

La question est de savoir s'il n'y a pas une

____

(1) Cass. 18 août 1818. — 20 mars 1850.

troisième sanction, en supposant que l'inobservation de l'une des conditions ait échappé aux
magistrats judiciaires, et qu'ils aient mal à propos
admis l'adoption. Permettrons-nous 'd'attaquer
l'adoption comme consommée en violation des
règles établies par la loi ?

Certains jurisconsultes et parmi eux, le procureur général Dupin (1), ont prétendu que cette
troisième sanction n'existait pas.

L'adoption, disent-ils, a une sorte de caractère
législatif ; elle est une sorte de loi privée, édictée
par l'autorité judiciaire, comme délégataire du
pouvoir législatif, et en conséquence elle participe
de la force de la loi que les tribunaux doivent
appliquer et non corriger.

Si le législateur avait entendu que l'adoption
pourrait être annulée, il se serait expliqué sur les
cas et sur les formes de cette action en nullité.
C'est ce qu'il a fait au titre du mariage ; mais il
ne l'a pas fait en matière d'adoption, parce qu'il
n'a pas voulu alors admettre d'action en nullité.

Enfin, il est très-grave d'annuler une adoption ;
il s'agit d'un acte de l'état civil d'une personne.
Le législateur a voulu à cause de cette gravité
que l'adoption ne pût être annulée.

Dans une autre opinion qui est celle de la
majorité des auteurs et de la jurisprudence, on
applique le droit commun. Or, de droit commun,
une personne se prétendant lésée par un acte

(1) Concl. à l'audience de la Cour de Cassation du 28 avril 1841.
Affaire Boirot.

qu'elle soutient être en contravention avec la loi,
peut agir, et il est évident qu'une personne, un
collatéral par exemple, peut se trouver lésée par
l'adoption.

Il est vrai que le législateur n'a rien dit sur le
mode de recours contre un arrêt d'adoption,
mais c'est qu'il a entendu appliquer le droit
commun.

Quant au caractère législatif, qui, dans le système que je repousse, ne permettrait pas de faire
annuler l'adoption, je ferai remarquer que le
premier consul lui-même n'a pas persisté dans
son idée de constituer l'adoption comme une
sorte de sacrement civil.

Sans doute, il est grave d'attaquer une adoption, mais doit-on sacrifier les droits des familles,
les droits d'un enfant de l'adoptant peut-être,
dont on aurait dissimulé l'existence?

Donc la nullité d'une adoption peut-être demandée en justice (1).

Puisque la nullité d'une adoption peut-être
demandée, quelle sera l'autorité compétente
pour connaitre de cette action ?

Ce sera l'autorité ordinaire de l'ordre judiciaire. Quelques auteurs opposent à cette décision qu'il y a eu arrêt et qu'il est bizarre de voir
un tribunal de première instance être appelé à
statuer sur un arrêt : mais c'est que la Cour n'a
pas fait un acte de juridiction contentieuse ; elle

____

(1) Cass. 28 avril 1841.

a, au contraire, fait un acte de juridiction gracieuse : donc l'affaire peut être portée en première instance devant le tribunal d'arrondisse-
ment du domicile du défendeur.

La demande en nullité de l'adoption constitue
une contestation sur l'état civil des citoyens, et
par conséquent elle doit être jugée, sur appel, en
audience solennelle par application de l'art. 32
du décret du 30 mars 1808 (1), à moins que la
demande en nullité de l'adoption ne se présente
incidemment (2).

Reste à déterminer dans quels cas exactement
il y aura nullité de l'adoption.

Nous appliquerons ici la théorie générale des
nullités, d'après laquelle, quand la loi a défendu
de faire un acte ou a mis des conditions à un acte
et que l'acte a été fait au mépris des conditions
exigées, le principe est qu'il faut sous-entendre la
nullité. (V. loi 5, Code de Just. *de legib.*, et Arg.,
art. 6, C. Civ.).

Nous dirons donc que, lorsque les conditions de
fond exigées par la loi n'ont pas été remplies,
l'adoption doit être annulée par la justice. Nous
donnerons cette décision d'autant plus volontiers
que l'adoption est une œuvre de la loi, une
création arbitraire du droit positif.

Parmi les conditions que nous avons signalées
il y en a une cependant, celle qui concerne la
bonne réputation de l'adoptant, pour laquelle

(1) Cass. 19 mars 1856.
(2) Cass. 1864.

on admet qu'il a appréciation souveraine de fait de la part de la Cour impériale; on admet qu'on ne peut attaquer l'adoption sur le motif que l'adoptant ne jouirait pas d'une bonne réputation.

Mais pour les autres conditions, nous déciderons que leur inobservation entraînera la nullité de l'adoption.

De même qu'aux conditions de fond, nous appliquerons aux conditions de forme la théorie générale d'après laquelle, quand la loi a mis certaines formalités pour l'accomplissement d'un acte et quand ces formalités n'ont pas été remplies, en principe il ne faut pas prononcer la nullité, à moins que la formalité omise ne soit une formalité essentielle.

Par conséquent l'absence d'une formalité essentielle entraînera la nullité de l'adoption; le jugement, l'intervention du juge de paix, le délai de l'art. 359, 2ᵉ al., sont des formalités essentielles.

Supposons au contraire qu'il se soit seulement écoulé plus de dix jours entre le contrat devant le juge de paix et la remise de l'expédition au procureur impérial; il n'y a pas là omission d'une formalité essentielle ; il ne s'agit que d'une formalité accessoire; il n'y aura donc pas lieu à prononcer la nullité.

Ainsi une adoption est susceptible d'être annulée; il peut dès lors arriver que des parties ayant fait une adoption soient prises de la crainte que cette adoption ne soit annulée; le parti le plus prudent sera de recommencer l'adoption.

Par exemple, un étranger avait été adopté par un Français. On n'avait pas songé que la jurisprudence n'admet pas l'adoption des étrangers. On craignit qu'à la mort de l'adoptant l'adoption ne fut attaquée, et comme l'enfant adoptif avait obtenu dans l'intervalle sa naturalisation, les parties firent une nouvelle adoption ; le Tribunal de première instance et la Cour ont confirmé cette nouvelle adoption (1).

TITRE DEUXIÈME.

Adoption privilégiée.

L'adoption privilégiée se sous-distingue en adoption rémunératoire et en adoption testamentaire.

CHAPITRE I

ADOPTION RÉMUNÉRATOIRE.

L'adoption rémunératoire repose sur un service rendu ; elle est la récompense d'un grand acte de dévouement. On a pensé qu'il était moral et exemplaire de favoriser la manifestation de la reconnaissance que doit éveiller dans le cœur de l'homme une noble et courageuse conduite (2).

(1) Gazette des Tribunaux du 4 janvier 1866.
(2) Fenet. t. 10, p. 447.

Mais quel doit être exactement le caractère de ce service pour mériter à son auteur une récompense en faveur de laquelle le législateur à crû devoir déroger aux règles ordinaires ? car il ne faut pas l'oublier, l'adoption est une institution exceptionnelle, et l'adoption rémunératoire, bien que favorable, est une exception dans l'exception.

Et d'abord il est incontestable que l'importance d'un service quelconque ne suffirait jamais seule pour permettre de conférer le bienfait de l'adoption rénumératoire.

En effet, d'après la première rédaction de notre article, l'adoption rémunératoire était admise en faveur de ceux qui auraient rendu à l'adoptant « d'importants services, tels que de lui avoir sauvé la vie, l'honneur ou la fortune. » (1) Mais M. Treilhard, appuyant une observation de M. Tronchet, proposa de réduire l'adoption pour services rendus à celui qui aurait sauvé la vie de l'adoptant. Cette proposition fut prise en considération et aussitôt M. Berlier, rapporteur, présenta et fit admettre sans discussion la rédaction qui forme aujourd'hui notre article 345 : « la faculté d'adopter pourra être exercée envers celui qui aurait sauvé la vie à l'adoptant, soit dans un combat, soit en le retirant des flammes ou des flots. »

Ainsi donc, il ne suffirait pas qu'on eût sauvé la fortune ou même l'honneur de celui qui se propose de faire une adoption rémunératoire; c'est

(1) Fenet. X, p. 376.
(2) Fenet. P. 397.

la vie que l'adopté aura dû sauver à l'adoptant.

Et dans quelle circonstance l'adopté aura-t-il dû sauver la vie de l'adoptant ?

Sans difficulté dans un combat ou en le retirant des flammes ou des flots (art. 345 1er al.). Mais en dehors de ces trois cas, les interprètes du Code Napoléon ne sont pas d'accord.

Quant à moi, je ne crois pas que l'art. 345 doive être interprété comme contenant une énumération limitative. La prévoyance du législateur ne pouvant pas embrasser cette infinité de circonstances où peut éclater le dévouement humain, il s'est contenté d'indiquer par des exemples la nature et les caractères que devait présenter l'acte sur lequel on voudrait fonder une adoption sérieuse.

Voici en effet un homme qui, mu par un élan généreux, se précipite dans un édifice qui s'écroule ou qui se fait descendre dans un puits ou dans une mine pour arracher à la mort un de ses semblables, au risque de périr écrasé ou asphyxié ; cet homme n'a-t-il pas aussi bien mérité que l'habile nageur qui se jette dans l'eau pour sauver celui qui était sur le point de se noyer ? N'y aurait-il pas inconséquence et injustice à refuser à l'un la faveur qu'on aurait accordé à l'autre?

Aussi l'adoption rémunératoire me semble-t-elle applicable, toutes les fois que celui qui sera adopté aura sauvé la vie de l'adoptant, au péril de sa propre existence, dans un élan de dévouement spontané, instinctif, provoqué par un danger actuel et flagrant.

Mais, d'un autre côté, je crois que ce serait exagérer l'esprit de l'art. 345 si on l'étendait à l'hypothèse où une personne, un médecin par exemple, aurait donné des soins à une personne atteinte d'une maladie contagieuse.

La question présente un intérêt tout particulier à raison des récentes épidémies qui ont désolé notre pays et pendant lesquelles le zèle des médecins s'est montré à la hauteur des circonstances.

Ce qui me décide à refuser de donner cette extension à l'article 345 c'est qu'il y a, de la part du médecin, moins un acte de pur dévouement que l'accomplissement d'un devoir de profession. Et d'ailleurs, en fait, comment apprécierait-on le caractère contagieux de la maladie dans l'état actuel de la science ? par exemple le choléra est-il contagieux ? l'Académie de Médecine l'ignore elle-même. Comment apprécierait-on si le danger était actuel et manifeste?

A raison des circonstances si favorables dans lesquelles l'adoption rémunératoire trouve sa raison d'être, le législateur a cru pouvoir se départir de certaines conditions exigées pour l'adoption ordinaire. Il suffira, dit l'art 345 2ᵉ al. que l'adoptant soit majeur, plus âgé que l'adopté, sans enfants ni descendants légitimes et, s'il est marié, que son conjoint consente à l'adoption.

L'adoption rémunératoire est donc exemptée de l'application des conditions qui exigent que l'adoptant ait cinquante ans révolus, qu'il ait quinze ans de plus que l'adopté et enfin qu'il ait fourni des secours et donné des soins non interrompus, à celui qu'il se propose d'adopter, pendant six ans au moins de sa minorité.

Toutes les autres conditions de l'adoption ordinaire sont requises en matière d'adoption rémunératoire.

Cependant un auteur a soutenu que l'adoption rémunératoire était exemptée de la condition d'après laquelle il faut que l'adopté n'ait pas déjà été adopté par une autre personne; mais cette opinion n'est pas fondée. En effet, qu'on se reporte au texte même de l'art. 345, et l'on y verra que les conditions dont il fait la remise n'ont trait qu'à la personne de l'adoptant, tandis que la règle prohibitive de l'adoption d'un même individu par plusieurs, dont on conteste l'application au cas de l'adoption rémunératoire, est évidemment relative à la personne de l'adopté.

Les formes et les effets de l'adoption rémunératoire sont les mêmes que ceux de l'adoption de droit commun.

La différence entre les conditions de l'adoption ordinaire et les conditions moins rigoureuses de l'adoption rémunératoire peut provoquer des fraudes que les tribunaux devront réprimer.

Voici comment :

Des personnes qui voudraient faire entre elles

une adoption et qui ne se trouvent pas remplir
les conditions de l'adoption ordinaire, imaginent
de simuler un sauvetage; le futur adoptant feint
de se noyer, le futur adopté feint de le sauver des
flots; des témoins attestent le sauvetage devant
notaire, et l'adoption rémunératoire est admise
par les tribunaux. Plus tard, la fraude est décou-
verte, prouvée; l'adoption devra être annulée.
C'est en ce sens qu'a jugé le tribunal de Bayeux,
dans une espèce fort curieuse où l'adoptant, dé-
sireux de parer aux dangers de l'irrévocabilité
de l'adoption et de se ménager un moyen d'action sur l'adopté et des garanties contre sa conduite postérieure, s'était fait remettre par l'adopté
des contre-lettres dans lesquelles celui-ci recon-
naissait la fausseté du sauvetage. (V. Bayeux,
3 mai 1866, journal *le Droit*, du 13 juin 1866.) (1).

CHAPITRE II.

DE L'ADOPTION TESTAMENTAIRE,

L'adoption testamentaire présuppose l'établissement d'une tutelle officieuse. Elle a été permise
au tuteur officieux qui craint de mourir avant
que le pupille n'ait atteint sa majorité, mais elle
lui est exclusivement réservée. Elle ne peut être

______

(1) Il est vrai que la Cour de Caen a infirmé le jugement du tribunal de Bayeux; mais elle l'a infirmé pour des raisons de fait et non
de droit. La doctrine subsiste donc entière. V. Caen, 10 mai 1867.
Gazette des Tribunaux du 19 mai 1867.

exercée par un père naturel, en vertu de la reconnaissance, qui n'équivaut pas à la tutelle officieuse (1).

Voici ce que contient l'art. 366, C. Nap. : « Si le tuteur officieux, après cinq ans révolus depuis la tutelle et dans la prévoyance de son décès avant la majorité du pupille, lui confère l'adoption par acte testamentaire, cette disposition sera valable, pourvu que le tuteur officieux ne laisse pas d'enfants légitimes.

Il résulte de cet article que l'adoption testamentaire, en nous plaçant au point de vue des conditions, est soumise à trois conditions spéciales :

1° Il faut que le testament qui confère l'adoption au pupille ait été fait par le tuteur officieux, alors qu'il s'était écoulé cinq ans depuis le commencement de la tutelle officieuse.

Le législateur veut que le tuteur ait pu apprécier le caractère et les dispositions du pupille, qu'il ait eu le temps de s'attacher à lui sérieusement, et qu'il soit ainsi dans la situation de se prononcer en connaissance de cause. C'est par un motif analogue que nous avons expliqué la condition qui exige six années de soins et de secours non interrompus en matière d'adoption de droit commun (art. 345).

Ainsi le testament fait avant cinq ans révolus depuis le commencement de la tutelle officieuse

(1) Cass. 26 nov. 1856.

ne serait pas valable, lors même que le tuteur ne serait mort qu'après l'expiration de cinq ans.

On a cependant, dans une encyclopédie, exprimé l'opinion contraire, par ce motif que l'épreuve de cinq ans avait eu lieu et que le testateur avait prouvé suffisamment son affection pour le pupille, puisque ayant eu jusqu'à sa mort la faculté de révoquer le testament qu'il avait fait, il ne l'avait cependant pas révoqué.

Mais cette opinion a contre elle le texte même de l'art. 366 qui dit : « après cinq ans révolus, » et de plus elle viole ce grand principe, à savoir que pour faire un testament il faut avoir la capacité de droit et de fait de tester. Or, l'art. 366 reconnaît la capacité d'adopter testamentairement à celui qui exerce la tutelle officieuse depuis cinq ans; donc avant l'expiration de ce délai de cinq ans, le tuteur officieux était incapable et le testament fait par un incapable reste toujours nul, lors même que le testateur serait devenu capable à l'époque de sa mort.

2° Il faut que le tuteur décède avant la majorité de son pupille sans avoir révoqué son testament.

En effet, c'est à cause de l'obstacle légal qu'oppose la minorité du pupille à l'usage de l'adoption ordinaire que le législateur a exceptionnellement autorisé l'adoption testamentaire, mais cet obstacle une fois levé, l'exception doit faire place au droit commun. Aussi l'art. 368 nous indique-t-il que si, à la majorité du pupille, son tuteur officieux veut l'adopter et si le pupille y consent, il devra être procédé à l'adoption selon la forme de droit commun.

Rigoureusement, et à s'en tenir au texte, il faudrait même aller jusqu'à dire que le testament cesserait d'être valable au moment même où le pupille atteint sa majorité et cela nous conduirait à cette autre conséquence que la mort du tuteur officieux survenue presque immédiatement après, aurait pour effet de priver le pupille du bénéfice de l'une et de l'autre adoption. Mais nous ne croyons pas cette interprétation équitable ni conforme à l'esprit de la loi qui est ici de faciliter l'adoption et de pourvoir précisément à l'obstacle qu'apporterait la mort du tuteur officieux à l'emploi des formes de l'adoption ordinaire. Donc, les juges ne devraient pas nécessairement prononcer la nullité d'une adoption testamentaire par le seul fait de l'avènement du pupille à la majorité; mais ils devraient apprécier s'il s'est écoulé ou non, entre la majorité du pupille et le décès du tuteur, un temps suffisant pour donner à ce dernier le moyen de procéder à une adoption ordinaire.

3° Il faut enfin que le tuteur officieux ne laisse en mourant aucun descendant légitime.

Nous disons : en mourant, parce que peu importe qu'il ait eu des enfants soit après avoir fait son testament, soit même à ce moment, pourvu qu'ils soient morts avant lui.

Toutefois on a soutenu que l'adoption testamentaire ne serait pas valable si, à l'époque de la confection du testament, le tuteur officieux avait des enfants, lors même que ces enfants n'existeraient plus à l'époque de sa mort.

J'oppose à cette doctrine le texte de la loi et les principes. En effet, aux termes de l'article 366, «l'adoption testamentaire sera valable.... pourvu que le tuteur officieux ne laisse point d'enfants légitimes. » Or, dans notre hypothèse, le tuteur n'en laisse point, quoi qu'il en ait eu au moment de la confection du testament. En outre, il importe de remarquer qu'il ne s'agit pas actuellement d'une condition ayant trait à la certitude et à l'indépendance des volontés; ici, au contraire, la condition a pour objet de sauvegarder l'intérêt des enfants du tuteur officieux. Or les conditions de ce genre sont plutôt des règles de disponibilité que des règles de capacité proprement dite ; et comme pour l'application des règles de disponibilité on n'envisage jamais que le moment de l'ouverture de la succession, c'est donc à cette époque seule qu'il convient de se placer dans le cas qui nous occupe.

J'observe que le tuteur officieux, s'il est marié, n'a pas besoin du consentement de son conjoint pour conférer l'adoption testamentaire (art. 344, 2ᵉ alinéa), par cette raison décisive que l'adoption testamentaire ne doit avoir d'effet que par le décès de l'adoptant et après la dissolution du mariage.

Telles sont les conditions spéciales auxquelles est soumise l'adoption testamentaire.

Quant aux formes de cette adoption, elles se réduisent à peu de choses. Ainsi que son nom même l'indique, cette adoption se fait par acte testamentaire, (art. 366); peu importe l'espèce de testament qu'ait choisie le testateur, pourvu que ce testament, public, mystique ou olographe, soit revêtu des formes qui lui sont propres. Le caractère testamentaire de l'acte montre que l'adoption testamentaire est essentiellement révocable, tant que le testateur existe. Du reste, il n'est pas nécessaire que la clause d'adoption soit accompagnée d'une disposition quelconque de biens; car c'est principalement sous le rapport de la forme que l'adoption est ici testamentaire.

Comme le texte du Code Napoléon, statuant sur l'adoption testamentaire, ne la soumet à aucune autre forme qu'à celle exprimée dans l'article 366, il en résulte que ni l'homologation juciaire ni l'inscription sur les registres de l'état civil ne sont requises.

Malgré les expressions de l'article 366 « si le « tuteur officieux, confère à son pupille l'adop « tion par acte testamentaire, » il ne faut pas croire que l'adoption lui soit définitivement conférée par ce seul fait. Car il ne s'agit pour l'adopté de rien moins que d'un changement d'état auquel sa volonté ne saurait rester étrangère. Il faut donc pour que l'adoption soit définitive qu'elle ait été acceptée par celui-ci ou par ses représentants. Comment se fera cette acceptation? La loi n'a pas réglé ce point. Mais il est cer-

tain que le mineur n'a pas la capacité nécessaire
pour prendre parti sur une affaire de cette importance et d'autre part, l'acte est trop important
et a des effets trop personnels pour qu'on puisse
attribuer à d'autres le soin de lier irrévocablement l'enfant. Aussi s'accorde-t-on à décider que
l'acceptation ou la répudiation de l'adoption testamentaire émanée des représentants du mineur,
n'aura que des effets provisoires et ne deviendra
définitive que par la ratification de l'adopté après
sa majorité.

Les effets de l'adoption testamentaire sont
d'ailleurs les mêmes que ceux produits par l'a-
doption, moins, bien entendu, ceux que la mort
de l'adoptant rend inutiles.

FIN

POSITIONS

DROIT ROMAIN.

I. L'adoption du conjoint d'un enfant non émancipé avait pour effet d'entraîner la dissolution du mariage.

II. La loi 12 d'Ulpien, *de adoptionibus*, au Dig., n'est pas en opposition avec la loi 37 de Paul, au même titre.

III. L'*adjecta causa*, dans l'action en revendication d'un fils de famille, consiste dans les mots : « *filius* » ou « *in potestate.* »

IV. *La minima capitis deminutio* ne suppose pas nécessairement un changement d'état *in pejus*.

V. Le mariage ne se formait point *solo consensu*.

DROIT FRANÇAIS.

CODE CIVIL.

I. L'interdit est incapable d'adopter ou d'être adopté.

II. L'étranger peut adopter ou être adopté.

III. Le prêtre catholique peut adopter.

IV. On peut soumettre à la Cour Impériale l'opinion d'un Tribunal de première instance qui refuserait l'adoption.

V. L'enfant naturel reconnu peut être adopté par celui qui l'a reconnu.

VI. L'adoption consommée peut être annulée.

VII. La réserve de l'adopté, sur la succession de l'adoptant, est identiquement la même que celle de l'enfant né en mariage.

VIII. Les empêchements au mariage résultant de l'adoption ne sont que prohibitifs.

IX. Les enfants légitimes de l'adopté n'ont aucun droit sur la succession de l'adoptant.

DROIT PÉNAL.

I. La réhabilitation ne peut être obtenue que quand une déchéance a été encourue.

II. L'individu mineur de seize ans, qui a été déclaré avoir agi sans discernement, ne doit pas pas être condamné aux frais.

HISTOIRE DU DROIT.

L'ouvrage, connu sous le nom d'Établissements de Saint-Louis, est un coutumier de l'Orléanais.

DROIT DES GENS.

I. La houille n'est pas contrebande de guerre.

II. Il n'y a pas violation de neutralité dans le fait du transport par un neutre du négociateur d'un des belligérants.

Vu par le Président de la thèse,

LABBÉ.

Vu par l'Inspecteur général délégué,

Cн. GIRAUD.

Vu et permis d'imprimer,

Le Vice-Recteur,

A. MOURIER.

11170 — Imprimerie Renou et Maulde, rue de Rivoli, 144